ANALYSE RAISONNÉE

DU

DROIT FRANCAIS.

V.

QUATRIÈME PARTIE.

Des Successions et Donations entre-vifs.
Titre XXIV, des Successions.

AVIS AUX RELIEURS.

Ce volume contient, 1°. le titre XXIV, depuis la feuille 1 jusqu'à la feuille 13 inclusivement, quatrième livraison.

2°. Partie du titre XXV *des Donations entre - vifs et testamentaires*, depuis la feuille 24 inclusivement.

ANALYSE RAISONNÉE

DU

DROIT FRANÇAIS,

Par la comparaison des dispositions des lois romaines, de celles de la coutume de Paris, et du nouveau Code des Français;

PAR **P. L. C. GIN,**

ancien magistrat, membre de l'académie de législation, de la société académique des sciences, et de plusieurs autres sociétés savantes; président de l'association de bienfaisance judiciaire en l'université de jurisprudence.

TOME CINQUIÈME.

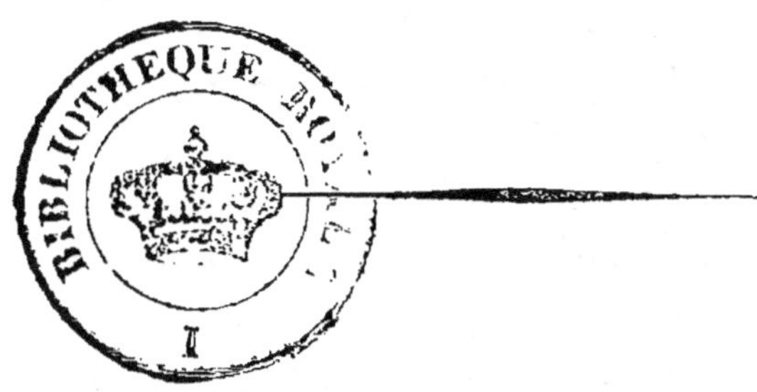

PARIS,

GARNERY, Libraire, rue de Seine.

AN XII. — 1804.

ANALYSE RAISONNÉE

DU

DROIT FRANÇAIS.

DES SUCCESSIONS.

Les lois sont le lien des sociétés politiques.

C'est sur elles que repose la stabilité des conventions.

Ce sont elles qui transmettent les propriétés de la génération présente à celle qui la suit, quand la volonté de l'homme qu'elles autorisent, pour le temps où il ne sera plus, ou n'a pas usé de cette faculté, ou a excédé les limites fixées par la loi.

Émanées du législateur universel, soit directement, soit tacitement, par l'effet de cette providence générale, qui seule dispose des empires, légalement publiées, elles ne sont censées ignorées de personne.

Quand le texte est clair, que l'ordre des articles qui les composent suffit pour faire connoître leurs motifs, et montrer sans cesse la raison d'un principe puisé dans la loi naturelle, dans le génie, les besoins, le vœu de la nation, avec les conséquences, elles peuvent suffire, sans commentaire, à un peuple à qui nuls préjugés, nulles habitudes, nulle corruption n'a fait perdre sa simplicité primitive.

Une telle perfection, un tel concours de volontés peuvent-ils être espérés d'une nation ballotée, pendant plusieurs siècles, par les secousses inséparables des changemens de trois dynasties, par les passages plus ou moins rapides de l'autorité tantôt confiée aux sages, tantôt usurpée par les puissans, ou livrée à la foule tumultueuse; dans la législation d'un vaste empire, formé des débris de grand nombre d'autres, de parties hétérogènes toujours en action, replongé momentanément, par l'esprit de système, dans le vandalisme inséparable de l'anarchie?

Le législateur qui entreprend de rassembler ces élémens épars, pour en former un seul tout modifié de manière à concilier les esprits égarés, et procurer le bonheur universel, pourra, non sans d'immenses tra-

vaux, concevoir l'espérance de porter assez
de lumière dans ce gouffre, pour éclairer
la multitude sur ses véritables intérêts, la
soumission à la loi.

« Mais on tomberoit (dit l'orateur du
» gouvernement) dans une étrange et fu-
» neste erreur, si l'on pouvoit supposer
» qu'une connoissance des lois, suffisante
» pour le commun des hommes, doit suf-
» fire également au magistrat chargé de les
» appliquer, au jurisconsulte qui exerce
» aussi une espèce de magistrature, bien
» plus flatteuse, sans doute, puisqu'elle
» repose sur une confiance toute volon-
» taire..... *Malgré quelques dispositions*
» *bizarres qui échappent à d'utiles et suc-*
» *cessives réformes, il sera encore néces-*
» *saire d'étudier, dans nos coutumes,*
» *l'histoire de la législation française,*
» *et d'y chercher les premières traces des*
» *règles que nous avons dû extraire,*
» *comme plus adaptées au génie français*
» *et à nos mœurs actuelles.* Les compila-
» tions du droit romain ne sont pas exemp-
» tes de quelques défauts, ni d'un désordre
» qui en doit rendre l'étude pénible; mais
» quel courage ne seroit pas soutenu par

» la perspective de cette riche et abondante
» moisson qui s'offre au bout de la car-
» rière! » *Discours du conseiller d'état*
Treilhard.

C'est à débarrasser cette riche moisson
des épines qui l'environnent, en remontant
de la bigarrure de nos coutumes, jusqu'aux
lois du peuple-roi, *populum latè regem*,
comme parle Virgile, qui vaincu, dépouillé de sa puissance, domine encore par
la sagesse de ses conseils et de ses lois;
c'est à ce grand œuvre qu'est destiné l'arbre
généalogique que nous nous efforçons de
tracer.

Dans les titres qui ont précédé, nous
nous sommes strictement attachés à l'ordre
lumineux des lois civiles de Domat. L'étendue de la matière que présente le titre des
Successions, et celui des *Donations entre-*
vifs et testamentaires qui le suit immédiatement dans le code, exigent quelque changement dans la marche de ce livre.

Pour rendre plus sensible l'application
que nos législateurs ont faite à nos mœurs
des dispositions des lois romaines, et de
plusieurs de celles de nos coutumes, notamment de la coutume de Paris, qui fut,

pendant si long-temps, suivant l'expression de Dumoulin (1), « la loi fondamentale de la » Gaule et d'une grande partie de la France,» et ajouter au respect dû aux lois nouvelles par l'exposé de l'antiquité des principes qui ont guidé leurs rédacteurs, nous suivrons avec exactitude, dans le titre des *Successions*, l'ordre des chapitres du nouveau code, sans nous permettre d'autre dérivation que de réunir quelquefois deux chapitres en un seul, quand le rapprochement de nos lois anciennes et nouvelles paroîtra l'exiger.

Le titre des *Donations entre-vifs et testamentaires* présentant un ensemble moins morcelé, nous nous proposons de tracer ce tableau à plus grands traits.

______

(1) *Consuetudo Parisiensium est caput omnium hujus regni et totius etiam Belgicæ regionis consuetudinum.* Dumoulin, sur le titre Ier. de la coutume de Paris, *in Præf.*

CHAPITRE Ier.

De l'ouverture des successions, de la saisine des héritiers.

I.

La société se perpétue par les mariages qui appartiennent au titre des personnes. Les choses se transmettent par les successions.

« L'HÉRITIER, soit légitime, soit testamen-
» taire, est le successeur dans tout le droit
» du défunt. » *Hœredes juris successores
sunt.* Leg. 9. §. 12. dig. *de Hœred. Inst.*

« Son titre universel s'étend sur toutes
» les propriétés, sur tous les droits que
» le défunt a laissé vacans, en butte à toutes
» les actions qui pouvoient être dirigées
» contre celui qu'il représente. » *Hœres
in omne jus mortui, non tantum singula-
rum rerum dominum succedit.* L. 37, dig.
de acq. et omittenda hœreditate.— Hœre-

des onera hœreditatis agnoscere placuit.
L. 2. C. de hœred. act.

De ces diverses lois romaines, les jurisconsultes ont composé cette définition qui les renferme toutes : « L'héritier est le successeur dans tout le droit et la cause du défunt. »

Toutes les dispositions de ce titre relatives aux droits et aux charges de l'hérédité, sont la conséquence de cette définition.

I I.

Des deux sortes d'héritiers.

« La loi (dit l'orateur du gouvernement)
» est le testament présumé de toute per
» sonne qui décéderoit sans avoir valable
» ment exprimé une volonté différente. »
Idée très-conforme à cet orgueil du peuple romain, qui portant sans cesse ses vues vers les siècles à venir, regardoit comme une honte de mourir *intestat ;* préjugé tellement enraciné dans l'esprit du peuple-roi, que le débiteur insolvable qui craignoit que sa succession ne fût abandonnée, étoit autorisé à choisir un esclave à qui *il* donnoit la liberté, ou qui l'obtenoit de droit

par la seule institution d'héritier nécessaire.

Dans notre droit coutumier, si vous exceptez quelques provinces voisines des pays de droit écrit, la loi regardoit le droit de propriété comme suffisamment protégé, quand elle avoit assuré au propriétaire, pendant sa vie, la faculté d'user et d'abuser de sa chose. A sa mort, ses biens rentroient sous l'empire de la loi qui disposoit seule du titre d'héritier. Les legs, les dispositions testamentaires, tant universelles que particulières qu'elle autorisoit, étoient regardées comme un effet de sa munificence envers le défunt, favorable par l'élan qu'elle donnoit au travail et à l'industrie, mais non moins un bienfait de la loi municipale. Aussi ne jouissoient-ils des fruits que du jour de la demande en délivrance formée devant le tribunal compétent.

« Le mort saisit le vif, son hoir (héritier) » plus proche habile à lui succéder. »

Coutume de Paris, art. 318.

« Institution d'héritier n'a lieu, c'est-à-» dire, *qu'elle n'est nécessaire* (comme » dans le droit romain pour la validité du » testament); mais ne laisse de valoir la » disposition, jusqu'à la quantité des biens

» dont le testateur peut valablement dispo-
» ser par testament. » *Ibid, art.* 299.

Le nouveau code adopte en partie, et repousse en partie ces dispositions de notre droit coutumier.

« Les *héritiers légitimes* sont saisis, de
» plein droit, des biens, droits et actions
» du défunt, sous l'obligation d'acquitter
» toutes les charges de la succession : les
» enfans naturels, l'époux survivant , la
» République (ce que la nouvelle loi nomme
» *les successions irrégulières*) doivent se
» faire envoyer en possession par justice,
» dans les formes qui seront déterminées. »
Code civil, tit. I, des successions, *chap. I.*
art. 14.

« Toute personne pourra disposer par
» testament, soit sous le titre d'institution
» d'héritier, soit sous le titre de legs, soit
» sous toute autre dénomination propre à
» manifester sa volonté. » *Code civil, titre*
des testamens, *chap. IV, sect. I, art.* 257.

« Chacune de ces dispositions, soit qu'elle
» ait été faite sous la dénomination d'insti-
» tution d'héritier, soit qu'elle ait été faite
» sous la dénomination de legs , produira

» son effet suivant les règles ci-après éta-
» blies pour les legs universels et pour les
» legs particuliers. » *Ibid.* .

Il en est de même pour les successions régulières dans tous les cas où l'héritier saisi par la loi se trouve en concurrence avec l'héritier institué ou le légataire universel ou particulier, comme il sera expliqué ci-après, au titre *des donations entre-vifs et des testamens.*

La différence ne consiste qu'en deux points : 1°. le cas où l'héritier institué ou légataire universel, est seul saisi par la volonté du testateur, sans aucune réserve ni concurrence avec l'homme de la loi ; 2°. la jouissance des fruits qui commence, en faveur de l'héritier institué ou légataire, du jour de l'ouverture de la succession, lorsque la demande en délivrance a été formée dans l'année, du jour de l'action intentée en justice, s'ils ont négligé de se pourvoir dans l'année. *Ibid, sect. IV, art.* 294 *et suiv.*

III.

Des deux ouvertures des successions, par la mort naturelle et par la mort civile.

C'est-à-dire, par la condamnation à peine

capitale, prononcée par un jugement non susceptible d'être réformé, et par toutes les causes qui emportent privation des droits civils. *Code civil, titre* des successions, *chap. I, art.* 8 *et* 9.

Il n'en étoit pas ainsi dans notre ancien droit; la confiscation acquise par jugement emportant peine capitale, donnoit ouverture à un autre genre de succession irrégulière, en faveur du roi ou des seigneurs hauts-justiciers, comme représentant la chose publique.

« Qui confisque le corps, il confisque les » biens. » *Coutume de Paris,* art. 183.

Une seule espèce de mort civile, qui ne subsiste plus, donnoit ouverture à l'hérédité du religieux profès privé de toute existence civile, par l'abdication qu'il avoit faite de toute propriété, pour devenir membre de la corporation à laquelle il étoit aggrégé.

N. B. Quelque étrangère que soit cette exclusion à nos lois actuelles, comme elle tient aux monumens de notre histoire, j'ai cette confiance qu'on me permettra ici une courte digression sur les variations du droit romain et de nos lois elles-mêmes en cette matière.

Dans le droit romain, les religieux succédoient à

leurs parens, et avoient des héritiers. *L. un. cod. Theodos. de bonis mon.*

Ce droit subsista parmi nous, tant que les lois de Justinien y furent inconnues; c'est-à-dire, jusqu'au douzième siècle de notre ère.

La règle de Saint Benoît, art. 58, obligeoit les novices, avant leur profession, de se dépouiller de leurs biens en faveur des pauvres ou du monastère dans lequel ils se proposoient d'émettre leurs vœux; mais cette règle n'avoit d'autorité que relativement à la discipline monastique; elle n'étoit obligatoire que par le refus que l'ordre faisoit d'admettre le novice, s'il ne satisfaisoit à cette condition; conforme toutefois à la novelle V de Justinien, chap. XV.

Dès le règne de Saint Louis, suivant Bouteiller, en son grand Coutumier, liv. II, chap. IV, pages 263 et 264, la richesse excessive des monastères avoit fait adopter la maxime contenue en l'art. 337 de la coutume de Paris :

« Les religieux et religieuses profès ne succèdent » pas à leurs parens, ni le monastère pour eux. »

Les religieux militaires de Saint Jean de Jérusalem et de l'ordre de Fontevrault, avoient seuls tenté de se soustraire, par des bulles des papes, à la loi générale; en vain la piété de nos rois avoit confirmé ces bulles par des lettres-patentes enregistrées dans les cours, l'intérêt public avoit prévalu. L'ordonnance d'Orléans, rendue sur le vœu des états généraux, en fixant à vingt-cinq ans pour les mâles, vingt ans pour les femelles, l'âge de la profession religieuse, avoit suffisamment fait connoître le vœu de la nation, permettant aux novices, avant leur profession, de disposer de leurs biens par actes entre vifs ou testamentaires, *au profit de tout autre que du monastère;* disposition répétée dans l'ordonnance de Blois de 1579, rendue également sur le vœu des états généraux, même lorsque cette loi rapprochoit l'âge de la profession religieuse à seize ans pour les deux sexes; tant toute assemblée nombreuse est peuple, susceptible des préjugés du siècle!

La jurisprudence avoit étendu cette exclusion essentielle au repos des familles, à ceux que des événemens imprévus faisoient rentrer dans la société. Ainsi, bien que la promotion à l'épiscopat dispensât de l'observation des vœux en religion, qu'elle donnât le droit à l'évêque d'avoir des héritiers, suivant l'art. 336 de notre coutume, ce religieux, rendu au siècle pour y exercer un plus saint ministère, n'en demeuroit pas moins incapable de recueillir la succession de ses parens. *Voyez ci-dessus, titre* des personnes.

Tel étoit l'état des choses, quand notre révolution a coupé le nœud gordien, en convertissant les vœux solennels en vœux simples, et attribuant à la nation les biens de tous les monastères.

IV.

Des commourans.

On appelle ainsi ceux d'une même famille que la ruine d'un édifice, un tremblement de terre, un naufrage, une bataille et autres

événemens de cette nature ont plongé simul-
tanément dans le tombeau. Un instant les a
séparés; mais cet instant a suffi pour que la
règle, *le mort saisit le vif*, ait donné au
survivant un droit certain à l'hérédité du
prédécédé; il a pu déranger tout l'ordre des
successions légitimes.

Cette question s'éleva à la grand'chambre
du parlement de Paris, vers le milieu du
siècle dernier, à l'occasion d'une famille
entière de riches négocians engloutis dans
les eaux de la Seine, par l'imprudence ou
l'avide témérité d'un batelier qui les menoit
à une fête. Combien peut-elle se présenter
plus fréquemment de nos jours, après les
meurtres, les incendies, les ravages dans
lesquels le délire maniaque de la fin de ce
même siècle nous a entraînés!

Les plus célèbres orateurs d'alors lut-
toient dans ces ténèbres pour les divers prétendans à cette riche dépouille. Ceux-ci
prétendoient que dans l'incertitude de la
survie de l'un des commourans, ils devoient
être censés écrasés du même coup de foudre;
qu'aucun des héritiers qui eussent eu la préférence sur les autres, en vertu de la règle,
le mort saisit le vif, ne pouvoit réclamer

cette règle pour exclure son concurrent, puisque la survie momentanée d'aucun des commourans n'étoit prouvée.

Ceux-là opposoient les principes du droit romain qui exige que le magistrat recueille, comme dans un verre lenticulaire, tous les rayons épars que les faits peuvent lui fournir, pour le guider dans ce labyrinthe obscur. Il en est quelquefois d'une grande importance : si dans une ruine, dans un incendie, l'un des commourans a été vu pendant quelques instans plus à l'abri du danger que les autres, il sera vraisemblable qu'il aura succombé le dernier ; si dans une bataille l'un étoit placé à l'aile droite, quand le carnage a commencé par l'aile gauche ou par le centre ; si dans un naufrage l'un de ces infortunés a été remarqué se débattant contre les flots, quand les autres avoient disparu entièrement, etc. etc. Quelques foibles que soient ces conjectures, le magistrat ne les rejettera pas ; ce principe est admis par la raison, par nos lois anciennes et par le nouveau code. « Si plusieurs personnes res-
» pectivement appelées à la succession l'une
» de l'autre périssent dans un même évé-
» nement, sans qu'on puisse reconnoître

» laquelle est décédée la première, la pré-
» somption de survie sera déterminée *par*
» *les circonstances du fait.*» Code civil,
chap. Ier, art. 10.

Si tous ces adminicules manquent, le
juge ne se croira pas permis pour cela d'a-
bandonner au hasard la décision de la cause;
il se déterminera *par la force de l'âge et
du sexe.* Ibid.

A défaut de ces différences, qui ne sont
elles-mêmes que des conjectures, il aura
égard au vœu de la nature. Ainsi le magistrat n'admettra la succession des pères aux
enfans, nommée avec justice *luctueuse*,
par les jurisconsultes, parce qu'elle suppose
un trouble dans l'ordre, établi par l'auteur
de la nature, qu'autant qu'il y sera forcé
par les circonstances du fait, ou par l'autorité de la loi; celle des enfans est toute favorable; il l'accueillera, toutes les fois que
ni les circonstances, ni la loi ne s'y oppose-
ront; c'est ce qui fut jugé par l'arrêt de la
grand'chambre dans l'affaire que j'ai citée.

Recueillons ce que les lois romaines et le
nouveau code qui les a développées, étendues, changées en quelque chose, renferment
sur cette matière.

DROIT ROMAIN.

« Un père et un fils ont péri dans une
» bataille ; la mère réclame la succession
» comme héritière de son fils, qu'elle sup-
» pose avoir survécu ; les agnats la récla-
» ment comme héritiers du père, dans l'hy-
» pothèse du prédécès du fils ; l'empereur
» Adrien a pensé que le fils avoit survécu. »

*Cum bello pater cum filio periisset ; ma-
terque filii quasi posteà mortui, bona
vindicaret, adgnati vero patris quasi filius
ante periisset ; D. Adrianus credidit patrem priùs mortuum. L. 9. §. 1. Dig. de rebus dubiis.*

« Un patron périt par un même événe-
» ment avec son fils ; la succession légitime
» de l'affranchi supposé décédé *intestat,*
» sans enfans, sera déférée aux héritiers du
» patron, si l'on ne prouve que le fils a
» survécu à son père. La loi le décide ainsi
» par respect pour le patronat. »

*Si cum filio suo libertus perierit, intes-
tati patrono legitima defertur hœreditas,
si non probetur supervixisse patri filium ;
hoc enim reverentiâ patronatus dicimus.*
Ibid, §. 2.

Successions. 2

« Un mari meurt avec son épouse par le
» même événement; le gain de survie sti-
» pulé par le contrat de mariage en faveur
» du mari aura lieu, si l'on ne prouve qu'elle
» lui a survécu. »

*Si maritus et uxor perierunt, stipulatio
de dote ex capitulo, si in matrimonio mulier decessisset, habebit locum; si non probetur illa superstes viro fuisse.* Ibid, §. 3.

« Si Lucius Titius est décédé avec son
» fils pubère, qu'il avoit seul nommé pour
» son héritier par son testament, on sup-
» pose que le fils a survécu à son père, et
» qu'il a recueilli la succession, en vertu
» du testament; en conséquence, l'hérédité
» du fils passera à ceux que la loi appelle,
» si le contraire n'est prouvé; mais si un
» fils impubère est emporté avec son père
» par le même événement, le père sera sup-
» posé lui avoir survécu, si le contraire
» n'est prouvé. »

*Si Lucius Titius cum filio pubere, quem
solum testamento scriptum hœredem ha-
bebat, perierit; intelligitur supervixisse
filius patri; et ex testamento hœres fuisse,
et filii hœreditas successoribus ejus defertur, nisi contrarium approbetur. Quod si*

impubes cum patre filius perierit, creditur pater supervixisse, nisi contrarium approbetur. Ibid , §. 4.

La loi 22, au même titre, se détermine par un autre motif :

Cum pubere filio, mater in naufragio periit ; cum explorari non possit uter prior extinctus sit, humanius est credere filium diutius supervixisse.

« Une mère a péri dans un naufrage avec » son fils pubère ; dans l'incertitude, il est » plus humain de croire que le fils a survécu.»

On voit, par ces exemples, que les lois romaines ont égard, dans ces questions épineuses, à la force de l'âge et du sexe ; mais qu'elles se déterminent encore plus par l'humanité, par le vœu de la nature.

DROIT NOUVEAU.

Le nouveau code semble s'attacher davantage au physique.

« Si ceux qui ont péri ensemble avoient » moins de quinze ans, le plus âgé sera » censé avoir survécu.

» S'ils étoient tous au-dessous de soixante » ans, le moins âgé sera présumé avoir » survécu.

» Si les uns avoient moins de quinze ans,
» et les autres plus de soixante, les pre-
» miers seront présumés avoir survécu. »
Code civil, art. 11.

« Si ceux qui ont péri avoient quinze
» ans accomplis, et moins de soixante, le
» mâle est censé avoir survécu, lorsqu'il y
» a égalité d'âge, ou si la différence qui
» existe n'excède pas une année.

» S'ils étoient de même sexe, la présomp-
» tion de survie qui donne ouverture à la
» succession dans l'ordre de la nature, doit
» être admise; ainsi le plus jeune est présu-
» mé avoir survécu au plus âgé. » *Ib., art.*12.

CHAPITRE II.

Des qualités requises pour succéder.

Ce chapitre du nouveau code se divise,
à l'instar de notre ancien droit, en deux
parties; les *incapables* et les *indignes* du
titre d'héritier.

I.

« Sont incapables de succéder :
» 1°. Celui qui n'est point encore conçu. »

C'est la conséquence de la règle, *le mort saisit le vif, son hoir plus proche habile à lui succéder.* L'enfant dans le sein de sa mère peut être, par une fiction de droit, censé né pour profiter de l'hérédité qui s'ouvre en sa faveur. C'est le vœu de la nature; c'est celui de la loi; cet enfant est un pupille qu'elle prend sous sa protection pour lui procurer son bien-être, écarter tout ce qui peut lui nuire; mais celui qui n'existe pas encore n'est susceptible d'aucune saisine légale.

« 2°. L'enfant qui n'est pas né viable. » Car il est censé ne pas exister. *Voyez, au titre des personnes,* à quelle époque la règle « le père est celui que le mariage dé- » signe, » peut être invoquée.

« 3°. Celui qui est mort civilement. »

Il peut avoir des héritiers depuis que la mort civile n'emporte plus confiscation; mais il n'existe pas aux yeux de la loi; il ne peut donc hériter de personne. *Code civil, liv. III, chap. II, art.* 15.

I I.

« Un étranger n'est admis à succéder aux » biens, que son parent étranger ou Fran-

» çais possède dans le territoire de la répu-
» blique, que dans le cas et de la manière
» dont un Français succède à un parent
» possédant des biens dans le pays de l'é-
» tranger , conformément aux dispositions
» du titre relatif à *la jouissance des droits
» civils.* » Ibid, art. 16.

Voyez, au titre des personnes , sect. 2, les motifs de cette réciprocité.

Notre ancien droit ajoutoit l'incapacité des religieux profès, dont il a été parlé §. III.

Celle des bâtards ; car ils n'ont pas de famille, comme il a été dit au titre *des personnes.* La jurisprudence des cours de justice ne leur accordoit que des alimens sur la succession de leurs père et mère naturels, quand ils étoient reconnus.

Le nouveau code les place au nombre de ceux qui participent aux *successions irrégulières.* Il en sera traité ci-après.

III.

Indignité.

DROIT ANCIEN.

« Les causes qui peuvent rendre l'héri-

» tier indigne de la succession sont indé-
» finies, et le discernement de ce qui peut
» suffire pour produire cet effet, dépend
» de la qualité des faits et des circons-
» tances..... » *Domat, lois civiles, Liv. I,
titre I, sect. III, n.* 11.

L'auteur des lois civiles cite u nexemple fondé sur l'honnêteté publique, expressément appuyé sur les lois romaines, adopté par notre jurisprudence, et néanmoins susceptible d'une plus grande ou moindre sévérité, suivant le degré de scandale.

« L'empereur Adrien a déclaré indigne
» de rien recevoir, même en vertu d'un
» testament militaire, la femme sur laquelle
» peut tomber un honteux soupçon. »

Mulier in quam turpis suspicio cadere potest, nec ex testamento militis aliquid capere potest; ut divus Adrianus rescripsit. L. 41. §. I. dig. *de test. mil. L.* 14. *ibid, de his quæ ut indig.*

Toutes les autres causes d'indignité développées par les lois romaines portent également sur les successions testamentaires, et sur les successions légitimes : je les réunirai ici, quoique plusieurs appartiennent plus spécialement au titre suivant, pour passer ensuite à celles que le nouveau code a renfermées dans ce chapitre.

1°. Celui qui est convaincu d'avoir hâté, par un criminel attentat, l'ouverture de la succession.

Cette cause est si évidente, que les lois romaines la supposent plutôt qu'elles n'ont de disposition expresse sur ce point.

2°. La négligence seule à prévenir le coup est punie par la privation de la succession légitime ou testamentaire.

« Celui-là est indigne, dit le pieux Anto-
» nin, qui est convaincu d'avoir, par sa
» négligence et sa faute, occasionné la
» mort de celle qui l'avoit institué son héri-
» tier. »

Indignum esse D. Pius illum decrevit, ut et Marcellus refert, qui manifestissimè comprobatus est id egisse, ut per negligentiam et culpam suam, mulier à quâ hœres institutus erat, moreretur. L. 3. dig. de his quœ ut indign.

3°. Celui qui a connu le crime, et n'en a pas poursuivi la vengeance.

« Tu assures que ton frère est mort em-
» poisonné, venge sa mort, si tu ne veux
» que sa succession ne te soit enlevée; car si

» la loi appelle les parens les plus proches à
» recueillir la succession de ceux que des
» trames perfides ont conduit au tombeau,
» ils ne peuvent cependant obtenir l'héré-
» dité, qu'ils n'aient tiré vengeance de la
» mort du défunt. »

*Cum fratrem tuum veneno peremptum
esse asseveres, ut effectus successionis
ejus à te non auferatur, mortem ejus ul-
cisci te necesse est ; licet enim hæreditatem eorum qui clandestinis insidiis peri-
muntur hi qui jure vocantur, adire non
vetantur, tamen si interitum eorum non
fuerint ulti, successionem obtinere non
possunt.* L. 9. C. *Ibid.*

Il en est de même de l'héritier testamentaire et *ab intestat.* Voyez les lois 17, dig.
de his quæ ut indig., et 1ʳᵉ au code *eod.*

4°. Celui qui a attenté, par une fausse
accusation, à l'honneur du défunt.

« Scia a légué, par son testament, cinq
» livres d'or à Titius ; quelque temps après,
» Titius défère la testatrice à la justice,
» comme coupable d'avoir donné commis-
» sion d'assassiner le père de lui Titius.
» Seia, depuis l'accusation intentée, fait un
» codicile, et ne révoque pas le legs qu'elle

» a fait à Titius, son parent. Elle meurt
» avant la fin du procès. Jugement inter-
» vient, qui déclare que Seia n'a pas été
» complice du meurtre du père de Titius.
» On demande si les héritiers doivent ac-
» quitter le legs qu'elle a fait à Titius, et
» qu'elle ne lui a pas ôté par son codicile ?
» J'ai répondu (dit Scævola), que, d'après
» l'exposé, ce legs n'est pas dû. »

Sæia testamento legavit auri pondo quinque. Titius accusavit eam quod patrem suum mandasset interficiendum. Sæia, post institutam accusationem, codicillos confecit : nec ademit Titio privigno legatum ; et ante finem accusationis decessit. Actâ causâ pronuntiatum est patrem Titii scelere Seiæ non esse interfectum. Quæsitum est cum codicillis legatum quod testamento dederat non ademerit, an ab hæredibus Seiæ Titio debeatur ? Respondi (Scævola) secundum ea quæ proponerentur non deberi. L. penult. §. 5, dig. de adim. et trans. leg.

5°. Les inimitiés capitales.

Elles sont une cause d'exclusion du légataire ou de l'héritier testamentaire, par la
présomption de l'intention de révoquer, si le

testateur eût prévu qu'elles surviendroient. L. 9. dig. *de his quæ ut ind.* L. 3. *in fine,* dig. *de ad. et transfer. leg.*

Il n'en est pas de même de celui qui tient son droit, non de l'homme, mais de la loi.

Elles s'effacent par la réconciliation.

« S'ils redeviennent amis, si le testateur
» s'est repenti de l'offense première, le legs
» ou le fidéi-commis (la substitution) re-
» prennent toute leur force; car la volonté
» de l'homme est ambulatoire jusqu'à ce
» qu'il ait rendu l'esprit. »

Quod si iterum in amicitiam redierunt, et pænituit testatorem prioris offensæ, legatum vel fideicommissum redintegratur. Ambulatoria est enim voluntas defuncti usque vitæ supremum exitum. L. 4. dig. *de adim. et transfer. legatis.*

6°. Les mauvais traitemens, les injures atroces, les libelles diffamatoires, une question d'état élevée contre le défunt, dans laquelle l'héritier auroit succombé. L. 9. §. 3. 1 et 2. dig. *de his quæ ut indignis.*

N. B. Ce genre d'indignité ne s'applique directe-ment qu'à l'héritier testamentaire; car si une ques-tion d'état s'étoit élevée entre le défunt et son héritier légitime , dans laquelle le défunt eût succombé ; comment prétendre que ce procès fût un motif pour exclure cet héritier de la succession que la loi lui défère, qui ne seroit peut-être que la conséquence du jugement qu'il auroit obtenu ? Cependant, dit Domat, s'il s'étoit livré à des voies de fait, à des mauvais traitemens, à des injures atroces contre le défunt ; s'il avoit donné atteinte à son honneur par des libelles diffamatoires, « il sembleroit juste que » l'héritier qui se seroit rendu coupable *de ces crimes*, » fût jugé indigne, même de la succession légitime. » *Lois civiles*, ibid, n°. VII.

7°. La loi romaine met au nombre des indignités toutes les voies de fait ou de captation employées pour s'attirer les libéralités du testateur, ou pour empêcher de tester celui dont on devoit hériter s'il mouroit *intestat.* L. 1. dig. *si quis aliquem test. prohibuit*, L. 2. eod. L. 1. C. eod. L. 2. eodem. Et de même, le fidéi-commis tacite, c'est-à-dire, la complicité de fraude avec le testateur, pour faire passer ses biens à un incapable. L. 10. dig. *de his quæ ut indig.* « Celui-là doit être regardé comme un » brigand, qui a interposé tacitement sa foi » pour faire passer la succession à un inca- » pable. » *Prædonis loco intelligendus est, qui tacitam fidem interposuit ut non*

capienti restitueret hæreditatem. L. 46.
dig. *de hæred. pet.*

Il n'est pas jusqu'à l'avide précipitation
de l'héritier qui dispose des biens de la succession avant d'être assuré du décès de celui
dont il doit hériter, qui ne soit punie par
l'indignité. « Non-seulement, dit Papinien,
» la donation que tu as faite à ta parente
» pendant la vie de celui dont tu devois
» hériter, est nulle; mais comme un pareil
» acte est contraire aux bonnes mœurs et au
» droit des gens, toute action héréditaire
» après la mort de celui dont tu as convoité
» la succession avec une telle avidité, te
» sera refusée, comme indigne de l'héré-
» dité. » *Donationem quidem partis bonorum proximæ cognatæ viventis nullam
fuisse constabat; verum ei qui donavit, ac
postea jure prætorio successit, quoniam
adversus bonos mores et jus gentium festi-
nasset, actiones hæreditarias in totum
denegandas respondit.* (Papinianus.)

Nam et ut indigno aufertur hæreditas.
Leg. 29 et 30 , dig. *de don.*

DROIT NOUVEAU.

Le nouveau code n'est pas si rigoureux.

Il réduit à trois toutes les causes d'indignité.

« Seront indignes de succéder, et comme
» tels exclus des successions :

» 1°. Celui qui sera condamné pour avoir
» donné ou tenté de donner la mort au
» défunt.

» 2°. Celui qui a porté contre le défunt
» une accusation capitale, jugée calom-
» nieuse.

» 3°. L'héritier *majeur* qui, instruit du
» meurtre du défunt, ne l'a pas dénoncé
» à la justice. » *Code civil, ch. II, art.* 17.

N. B. Ce mot *majeur* est conforme aux lois romaines :

« Les mineurs de vingt-cinq ans sont exempts de
» l'indignité résultante du défaut de poursuites de la
» vengeance de la mort du défunt. » *Minoribus
vigneti quinque annis non obesse crimen inultæ
mortis placuit.* L. 6 C. *de his quibus ut indignis.*

Le nouveau code ajoute une deuxième
exception, puisée dans les liens du sang et
de l'affection conjugale.

« Le défaut de dénonciation ne peut être
» opposé aux ascendans et descendans du
» meurtrier, ni à ses alliés aux mêmes
» degrés, ni à son époux ou à son épouse,

» ni à ses frères ou sœurs, ni à ses oncles
» ou tantes, ni à ses neveux et nièces. »
Ibid, art. 18.

« Nous n'avons pas jugé convenable (dit
» l'orateur du gouvernement) d'étendre
» davantage les causes d'indignité. Il ne
» faut pas, sous le prétexte spécieux de
» remplir la volonté présumée du défunt,
» autoriser des inquisitions qui pourroient
» être également injustes et odieuses.

» C'est par ce motif que nous n'avons
» pas cru devoir admettre quelques causes
» reçues cependant par le droit romain,
» comme, par exemple, *celles qui seroient*
» *fondées sur des habitudes criminelles*
» *entre le défunt et l'héritier.* » C'est cette
indignité dont parle la loi 7 , dig. *de test.*
mil. qui défendoit de rien léguer à sa con-
cubine ; maxime que notre jurisprudence
avoit modifiée en la bornant au titre d'héritière et de légataire universelle. (Cette tolé-
rance du nouveau code n'a-t-elle pas quelqu'inconvénient pour les mœurs ?) « Ou sur
» la disposition qu'on prétendroit avoir été
» faite par l'héritier du bien du défunt avant
» son décès ; ou sur l'allégation que l'héri-
» tier auroit empêché le défunt de faire son

» testament, ou de le changer. » (Ce sont les deux dernières causes d'indignité qui viennent d'être exposées. Même réflexion.)

Dans le droit romain, l'indignité emportoit dévolution au profit du fisc, de la succession dont l'indigne étoit exclu. *Lois civiles,* ibid, *sect. III.*

Cette confiscation n'étoit pas admise dans nos mœurs, même dans les pays de droit écrit. L'héritier moins proche en degré prenoit la place de celui qui étoit écarté comme indigne.

Ces principes sont admis par le nouveau code.

« L'héritier exclu de la succession pour
» cause d'indignité, est tenu de rendre les
» fruits et revenus dont il a eu la jouissance
» depuis l'ouverture de la succession. »

    Code civil, ibid, *art.* 19.

« Les enfans de l'indigne *venant à la*
» *succession de leur chef, et sans repré-*
» *sentation,* ne sont pas exclus pour la
» faute de leur père ; mais celui-ci ne peut,
» en aucun cas, réclamer sur les biens de
» cette succession, l'usufruit que la loi
» accorde aux père et mère, sur les biens
» de leurs enfans. » *Ibid,* art. 20.

CHAPITRE III.

Des degrés de parenté, des divers ordres de successions régulières, de la représentation, des progrès du droit romain dans cette matière, et de la bigarrure de nos coutumes, opposée aux dispositions générales et particulières du nouveau code.

SECTION PREMIÈRE.

Des degrés de parenté, et des divers ordres de successions régulières.

I.

Le mort saisit le vif, son hoir plus proche, habile à lui succéder.

Coutume de Paris, art. 3ı8.

Nous avons vu au n°. II du premier chapitre, en quoi cette disposition de la coutume de Paris, l'ancien droit commun de la France, si vous exceptez les provinces régies par le droit écrit, a été modifiée par le nouveau code.

II.

Quel est l'hoir le plus proche ?

Et nos livres saints, et l'histoire du genre humain, et la nature entière, nous montrent notre globe couvert d'un peuple de frères issus de cet Adam l'engendreur, et d'Eve sa compagne, arbre immense dont le suc nourricier s'élevant du tronc se subdivise dans ses nombreux rameaux, les uns féconds, les autres desséchés avant de produire des rejetons, rappelant la sève dans le tronc, où elle se subdivise de nouveau. Tel est l'image de ce qu'on nomme, dans le droit, la ligne directe composée d'autant de degrés que de générations, échelle descendante et ascendante, et la ligne collatérale formée par les rameaux divergens, subdivisée pareillement en autant de degrés que de générations, remontant, pour en connoître la distance, du défunt à la tige commune, sans la comprendre, et redescendant jusqu'à chacun des prétendans à l'hérédité; d'où résultent les trois ordres de successions, descendante des aïeux aux pères, aux enfans, aux petits-enfans, etc. etc. ; ascendante contre nature, et néanmoins résultante d'un principe d'équité puisé dans la nature ; collatérale, des frères, des sœurs, des cousins-germains, etc. etc. etc.

Nous avons exposé dans la première partie de cet ouvrage (titre *des Personnes*), une autre manière de compter les degrés de parenté, adoptée par le droit canonique, qui n'avoit d'autre objet que de chercher si le sang qui couloit dans les veines de ceux qui vouloient contracter mariage avoit essuyé assez de mélanges, pour que les races fussent croisées, (qu'on me permette cette expression ;) car telle étoit l'opinion de l'école, de regarder comme incestueux les mariages contractés entre collatéraux dont la parenté n'étoit pas comme entièrement effacée par leur éloignement de la tige commune ; ce ce qui avoit déterminé les subtils auteurs de ces opinions, à renfermer deux degrés en un seul, afin que la manière de calculer doublât la distance exigée par la discipline ecclésiastique alors en vigueur. Ces systèmes ne sont pas l'objet de ce titre.

« La proximité de parenté s'établit par le

» nombre des générations; chaque généra-
» tion s'appelle *un degré*.

» La suite des degrés forme la ligne. On
» appelle ligne directe la suite des per-
» sonnes qui descendent l'une de l'autre;
» ligne collatérale, la suite des degrés entre
» personnes qui ne descendent pas les unes
» des autres, mais qui descendent d'un
» auteur commun.

» On distingue la ligne directe en ligne
» directe descendante et en ligne directe
» ascendante.

» La première est celle qui lie le chef avec
» ceux qui descendent de lui; la deuxième
» est celle qui lie une personne avec ceux
» dont il descend.

» En ligne directe, on compte autant de
» degrés qu'il y a de générations entre les
» personnes : ainsi le fils est à l'égard du
» père au premier degré; le petit-fils au
» second, et réciproquement du père et de
» l'aïeul à l'égard des fils et petits-fils.

» En ligne collatérale, les degrés se comp-
» tent par génération, depuis l'un des parens,
» jusques *et non compris* l'auteur commun;
» et depuis celui-ci jusqu'à l'autre parent.

» Ainsi, deux frères sont au deuxième

» degré, *l'oncle et le neveu sont au troi-*
» *sième;* les cousins-germains au quatrième,
» et ainsi de suite. » *Code civil, chap. II,*
sect. I, art. 25, 26, 27, 28.

Ce dernier exemple de l'oncle et du neveu a donné lieu à une disposition de notre coutume :

« L'oncle et le neveu d'un défunt qui n'a » délaissé ni frères ni sœurs, *succèdent* » *également, comme étant au même degré,* » sans qu'audit cas il y ait représentation. » *Coutume de Paris, art.* 339.

Pour rendre le calcul plus sensible, posons deux tableaux, que nous étendrons jusqu'au quatrième degré, les cousins-germains.

PREMIÈRE ESPÈCE.

Oncle et cousin-germain du défunt.
Art. 338.

A ï e u l. *Tige commune.*

DEGRÉS.

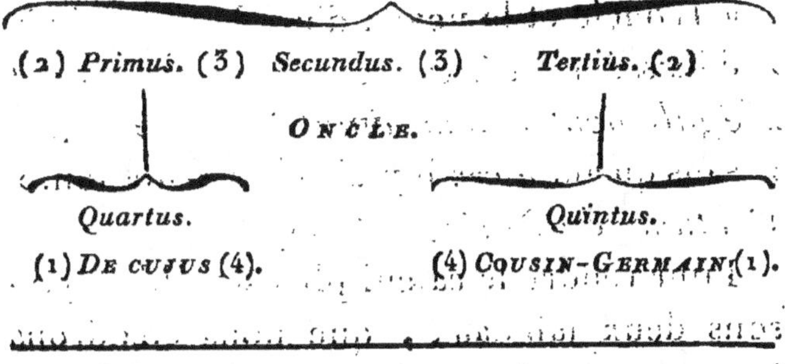

SECONDE ESPÈCE.

Oncle et neveu du défunt. Art. 339.

A ï e u l. *Tige commune.*

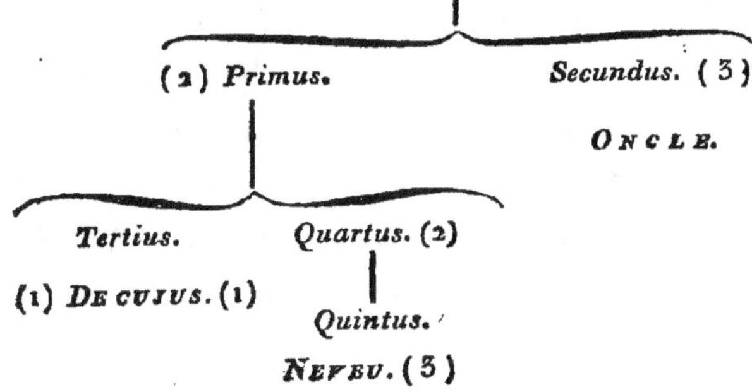

III.

Exception à la règle *le mort saisit le vif ;* la représentation et le partage par souches. Bigarrure de nos anciennes lois sur cette matière.

La règle *le mort saisit le vif, son hoir plus proche,* reçoit une exception fondée sur la nature ; c'est celle de la mort prématurée en ligne directe de l'un ou de plusieurs des descendans, qui laissent eux-mêmes des enfans ou descendans, plus éloignés par conséquent d'un degré que l'auteur de leurs jours ; seront-ils exclus, par ce motif, de la succession de leur aïeul ? Non ; mais ils ne prendront à eux tous que la portion de l'hérédité que leur père auroit eue : c'est ce qu'on nomme partager *par souches.*

Ici commence le labyrinthe de nos lois anciennes, qu'on ne peut se dispenser d'exposer dans une analyse qui a pour objet de renfermer, ainsi que je l'ai annoncé dans mon Prospectus, comme l'arbre généalogique de nos lois anciennes et modernes.

DROIT ANCIEN.

Dans la ligne directe même, l'ancien droit romain ne connut d'autres héritiers d'un défunt décédé *intestat*, ou dont le testament étoit déclaré nul ou abandonné, que ceux que la loi des douze tables nommoit héritiers siens, *sui hæredes;* les enfans en puissance de leur père ou aïeul.

Et néanmoins on trouve dans ce droit même la première trace de la représentation à l'infini dans la ligne directe, entre les héritiers siens et du partage par souches. *Consequens visum est non in capita sed in stirpes hæreditatem dividi, ut filius dimidiam hæreditatis habeat, et ex altero filio, duo pluresve nepotes alteram dimidiam.* Inst. *de his quæ ab intest deff.* §. 6. « Il a paru conséquent que la succession se » partageât, non par têtes, mais par sou-» ches, et que le fils en eût la moitié, et » les deux ou plus grand nombre de petits-» fils, d'un autre fils prédécédé, l'autre » moitié. »

Par une singularité digne des commencemens informes de l'ancienne Rome, la loi fut tellement dépendante de la magistrature annuelle des préteurs qui exerçoient la puissance judiciaire, qu'ils affichoient tous les ans les dérogations à la loi qu'ils se proposoient de se permettre dans leurs jugemens. De ces édits particuliers se forma une loi permanente, dérogatoire à l'ancienne; à peu près comme nos coutumes furent des dérogations émanées de l'anarchie féodale, aux dispositions de notre ancien droit.

Les préteurs ne déclarèrent pas les enfans émancipés héritiers du père qui les avoit mis hors de sa puissance : c'eût été contredire trop ouvertement la loi des douze tables; mais ils les envoyèrent en possession des biens du défunt, concurremment avec les héritiers siens.

De même en ce qui touchoit au droit public.

Par le droit de la guerre, admis par toute l'antiquité, les captifs étoient réduits en esclavage; et jusqu'au temps d'Attilius Regulus, c'est-à-dire, à la première guerre punique, les Romains ne rachetoient, sous aucune condition, ceux de leurs concitoyens qui s'étoient rendus à l'ennemi.

Il n'en fut pas ainsi dans les temps postérieurs.

Delà le droit de *postliminium*, qui rendoit le captif racheté ou échangé, héritier sien, quoiqu'il ne le fût pas à l'époque du décès de son père.

« Quelquefois celui qui n'étoit pas sous la
» puissance de son père au temps de sa mort,
» le devient. *Exemple.* Le captif de retour
» de chez l'ennemi depuis la mort de son
» père : c'est l'effet du *postliminium.* »

Interdum autem, licet in potestate parentis, mortis tempore, suus hæres non fuerit, tamen suus hæres parenti efficitur: veluti si ab hostibus reversus fuerit post mortem patris. Jus enim postliminii hoc habet. Inst. *de his quæ ab intest.* §. 4.

La loi des douze tables ne connoissoit pas la succession ascendante, puisqu'elle n'appeloit à la succession que les héritiers siens, c'est-à-dire, les enfans en puissance, qui n'avoient rien en propre. Qu'eût-elle donné au père survivant, qu'il n'eût déjà, en vertu de la puissance paternelle ?

Quant à la mère, à l'aïeule et autres ascendans du côté maternel, elles étoient regardées comme totalement étrangères à la famille. « La loi des douze tables préféroit
» tellement les descendans des mâles, et

» repoussoit si fortement le sexe féminin,
» qu'il n'existoit aucune réciprocité de suc-
» cessibilité entre la mère et son fils et sa
» fille..... » *Lege 12 tabularum ita stricto*
jure utebatur, et præponebat masculorum
progeniem; et eos qui per fœmini sexus
necessitudinem sibi junguntur adeo ex-
pellebat, ut nequidem inter matrem et
filiumve, ultro citroque hæreditatis ca-
piendæ jus daret. Inst. *de S. C. Tertul-*
liano, in proœm.

« Les entraves du droit ancien furent
» corrigés par la suite, et l'empereur Claude
» le premier déféra à la mère l'hérédité lé-
» gitime de ses enfans, comme une conso-
» lation de la perte qu'elle avoit faite. »

Sed hæ juris angustiæ postea emen-
datæ sunt. Et primus quidem D. Claudius
matri, ad solatium liberorum amissorum,
legitimam eorum detulit hæreditatem. Ibid,
§. 1.

Nous ne suivrons pas, quant à présent,
ce droit pour l'aïeule, et pour les ascendans
tant paternels que maternels, dans tous ses
progrès et ses variations.

Il suffira de dire que par la novelle 127
de Justinien, les ascendans furent appelés

à la succession de leurs descendans, conjointement avec les frères germains du défunt, *quorum pater ex utroque latere jun-
gebatur defuncto*, « dont le père étoit lié
au défunt par les deux côtés, » à l'exclusion
des frères *consanguins* de même père, et
uterins de même mère.

De là l'origine de ce qu'on nomme *le
double lien*, admis parmi nous dans les
pays de droit écrit, admis par quelques-
unes de nos coutumes, rejeté par d'autres,
notamment par celle de Paris, art. 340.

Même contradiction dans les lois romaines entre le droit ancien et le droit
nouveau, en ligne collatérale : « Si quel-
» qu'un meurt *intestat*, que l'agnat, c'est-
» à-dire, le parent paternel le plus pro-
» che recueille sa succession, » dit la
loi des douze tables. *Si quis intestatus
moritur proximus agnatus familiam ha-
beto :* règle observée si strictement que,
sous prétexte que les mères ou aïeules
n'avoient pas leurs enfans en leur puissance,
jusqu'au temps de l'empereur Marc-Aurèle,
les agnats recueillirent ces successions à
leur préjudice. *Voyez le titre des inst. de
S. C. officians.*

Le préteur vint au secours des parens maternels, en les envoyant en possession à défaut d'agnats; et toutefois ce droit fut tantôt restreint aux seuls mâles issus des femelles, et tantôt étendu aux cognats mâles ou femelles. *Voyez le §. 5. Inst. de leg. agn. success.* Les empereurs, et Justinien en particulier, abolirent ce droit barbare, en préférant, dans tous les cas, pour la succession de la mère et de l'aïeule, la ligne directe à la ligne collatérale.

Dans l'ancien droit romain, les degrés de parenté se comptoient si strictement, que la représentation n'avoit lieu en aucun cas.

Justinien l'introduisit au premier degré de collatérale, d'abord entre le frère ou la sœur, et les neveux et nièces issus d'un frère ou d'une sœur germains, et à leur défaut, d'un frère et sœur consanguins et utérins.

Si igitur defunctus, neque descenden-tes, neque ascendentes reliquerit, primos ad hœreditatem vocamus fratres et sorores ex eodem patre et ex eâdem mâtre natos, quos etiam cum patribus ad hœreditatem vocavimus. His autem non existentibus, in secundo ordine, illos fratres ad hœre-

ditatem vocamus, qui ex uno parente con-
juncti sunt defuncto, sive per patrem so-
lum, sive per matrem; si autem defuncto
fratres fuerint, et alterius fratris vel so-
roris præmortuorum filii, vocabuntur ad
hæreditatem isti, cum de patre et matre
thiis masculis et fœminis et quanticumque
fuerint tantam ex hæreditate percipient
portionem, quantam parens eorum futuris
esset accipere, si superstes fuisset. Nov.
118, chap. 3.

« Si le défunt n'a laissé ni descendans,
» ni ascendans, le premier degré de colla-
» térale sera rempli par les frères et sœurs
» du même père et de la même mère, que
» nous avons appelés à partager, même
» avec les père et mère survivans; et à dé-
» faut de frères et sœurs, de père et de
» mère, nous admettons, dans le deuxième
» ordre, les frères qui ne tiennent au dé-
» funt que par une seule ligne, soit de père
» ou de mère; mais si le défunt laisse des
» frères et des neveux enfans d'un frère
» ou d'une sœur prédécédés, ils seront ap-
» pelés avec les frères et sœurs survivans;
» et en quelque nombre qu'ils soient, ils
» auront à eux tous la même part dans la

» succession que leurs peres et mères eussent
» recueillie , s'ils eussent survécu. »

Passons à notre droit coutumier.

Les variations du droit romain ne por-
toient que sur les droits de ceux qui prétendoient à la succession , sans distinction des titres auxquels les biens avoient
appartenu au défunt, *uniquum hominis patrimonium ;* « un seul patrimoine de chaque
» homme. »

« Quand les seigneurs (dit M. de Lau-
rière sur la coutume de Paris, titre VII,
du retrait lignager) » consentirent à l'hé-
» rédité des fiefs (qui leur étoient subor-
» donnés ; car les premiers vassaux de la
» couronne avoient joui jusqu'alors de cette
» prérogative) ; ce qui arriva vers le com-
» mencement de la troisième race de nos
» rois, ce fut *à condition qu'on ne feroit*
» *point passer les terres , sans leur con-*
» *sentement et à leur préjudice, en des*
» *familles étrangères ,* et qu'ainsi les fiefs
» seroient comme substitués dans les fa-
» milles en faveur desquelles ils avoient
» bien voulu les rendre héréditaires..... »

Ce droit ne tarda pas à s'étendre à ce
qu'ils nommèrent les *rotures ;* c'est-à-dire,

aux terres concédées par les seigneurs de fiefs à leurs sujets, moyennant une redevance représentative de l'ancienne propriété nommée *cens*, sans obligation de la foi et hommage et autres devoirs féodaux.

De là la règle de notre ancien droit, tant relative à la succession des fiefs que des propres, *paterna paternis, materna maternis;* « les biens paternels aux paternels; » les maternels aux maternels, » et toutes les variations, tant en ligne directe que collatérale.

Dans une constitution politique dont l'objet direct étoit, comme je l'ai observé (titre 2, §. 4 de la première partie) *de graduer tellement les rangs et les fortunes, qu'elle forçât les intérêts privés, par le besoin respectif, de concourir à la sûreté générale*, le but principal du législateur devoit être la conservation dans les familles de ces immeubles, qui formoient, comme les culées de la voûte, le point central de toute la machine politique.

De là l'indivisibilité des grands fiefs, le préciput, les portions avantageuses tellement affectées à l'aîné mâle, qu'elles lui étoient dévolues, sans l'obliger de contribuer aux dettes de la succession pour une portion plus forte que celle dont étoient tenus ses puînés, si ces biens se trouvoient engagés, ou le supplément légitime de ceux-ci.

Dans les rotures, venues au défunt par succession, et par cette raison, nommées *propres*, non-seulement une première division en deux lignes, mais la subdivision de chaque ligne en deux côtés; d'où résultoit la distinction du *propre naissant*, acquis par la colloboration et l'économie des deux époux, ou de l'un d'eux, qui ne se partageoit qu'en deux lignes, sans subdivision, et du *propre ancien* qui appartenoit à l'héritier du côté et ligne de celui qui avoit mis le premier l'héritage dans la famille, à l'exclusion de tous autres. *Coutume de Paris, art.* 327. De là la défense au testateur de disposer de plus de la *cinquième partie de ses propres.* Ibid, art. 292. La quadruple légitime accordée aux enfans dans la succession des auteurs de leurs jours, celle de droit sur tous les biens de la succession indistinctement, fixée dans notre coutume à la moitié de l'hérédité; celle qu'on peut nommer *féodale,* au profit de

Successions.   4

l'aîné mâle, pour raison de son préciput et de ses portions avantageuses dans les fiefs; les *réserves coutumières*, consistant dans les quatre quints des propres dont le défunt n'avoit pu disposer par testament au préjudice de l'héritier du côté et ligne, qualité que les enfans germains, c'est-à-dire, issus des mêmes père et mère, ont nécessairement dans l'une et l'autre succession, les consanguins dans celle du père, les utérins dans celle de la mère; le douaire coutumier ou préfix, stipulé par le contrat de mariage des père et mère, ou fixé par la loi, devenu *propre* aux enfans, suivant l'expression de notre coutume, en renonçant à la succession. *Art.* 249 *et* 251. *Ibid.* Tout l'attirail du retrait féodal et du retrait lignager, pour la conservation des fiefs et des propres dans les familles.

Telle est l'esquisse de notre ancien droit dans la moins embarrassée de nos coutumes. Combien d'autres avoient porté plus loin le désir de conserver les fiefs et les propres dans les familles!

Il y en avoit, comme Normandie et Auvergne, semblables dans leur esprit, quoiqu'à une grande distance l'une de l'autre, qui excluoient les femelles de toute succession au profit des mâles, pourvu qu'il leur eût été fourni un mariage avenant.

Il y en avoit (comme Sens, à peu de distance de la capitale) qui vouloient que » quand l'aïeul ou l'aïeule n'avoit point » laissé d'enfans, mais seulement des petits-» enfans en pareil degré, les petits-enfans » succédassent par têtes et non par souches, » comme dans le droit écrit, et dans notre » coutume, art. 319. » *Argou, inst. tom. I, livre II, chap. 21.*

Il y en avoit (comme Boulonnois, art. 77) qui n'admettoient la représentation » (ni en collatérale, ni même en directe), » et donnoient tout aux enfans vivans, à » l'exclusion des enfans du prédécédé. » *Ibid.*

Et celles-ci étoient le droit primitif des Francs, nos ancêtres.

Un capitulaire de Childebert, fils de Clovis, rapporté dans Baluse, tome Ier, nous apprend que ce prince tenta, en l'an 593, d'introduire la représentation en ligne directe seulement, et que sa loi tomba en désuétude, comme le prouvent les formules de Malcufe, liv. II, chap. X.

La question se renouvela en 943 ; l'empereur Othon eut recours, pour la décider, à ce qu'on appeloit *le jugement de Dieu*. Le champion qui combattoit pour la représentation fut vainqueur; la loi n'essuya plus de difficulté; si ce n'est dans quelques coutumes locales, par le despotisme des seigneurs de fiefs, intéressés à accélérer l'ouverture du droit de déshérence qu'ils s'étoient attribué.

De l'Allemagne, elle passa en France, et cependant on voit, par les anciens cahiers cités dans le procès-verbal de la première rédaction de notre coutume, en 1510, art. 132 et 133, que la représentation n'étoit pas alors admise en directe, à Paris même, si le contrat de mariage des père et mère n'en contenoient une stipulation expresse.

La jurisprudence corrigeoit cette injustice par le rappel, qui fait par le défunt, par quelque acte que ce fût, *dans les termes de droit*, comme parlent les jurisconsultes, c'est-à-dire, dans les degrés auxquels le droit romain l'admettoit, avoit tout l'effet de la succession légitime, même au profit des cohéritiers non compris dans l'acte de rappel.

Celles-ci, comme Paris, admettoient la représentation aux termes de droit, rejet-toient le double lien. (Orléans, art. 330.)

Celles-là admettoient la représentation à l'infini en ligne directe, la rejettoient en ligne collatérale, même en termes de droit.

D'autres (telles qu'Anjou, art 225) admettoient la représentation à l'infini tant en directe qu'en collatérale, tant qu'on pouvoit prouver le lignage ; plus conformes peut-être à la nature, mais source intarissable de procès. Quel dévidoir étoit assez fin pour séparer ces fils enlacés de tant de manières dans la durée des siècles, remontant quelquefois à des époques dans lesquelles la parenté ne se conservoit que dans la mémoire des contemporains, transmise à leurs successeurs par des souvenirs défigurés, incertains, consignés en de prétendus monumens, trop souvent équivoques? Quel fruit vous revenoit-il de tout ce travail? de morceler les successions les plus opulentes, de nous ramener, autant qu'il étoit en votre pouvoir, au travers du dédale de la chicane, à cette égalité numérique, l'objet de votre convoitise, funeste et à l'homme puissant qu'elle dépouille, et à l'indigent dont elle tarit la source des vraies richesses, le travail, le commerce, l'industrie.

D'autres (Nivernois, ch. XXXIV, t. XIII)

admettoient la représentation pour les immeubles, la rejetoient quant aux meubles.

Il y en ayoit dans lesquelles le double lien avoit lieu, tant que la ligne duroit. *Bourbonnois*, art. 317.

D'autres préféroient les frères à la sœur, les neveux issus d'un frère, aux neveux issus d'une sœur; et quand les enfans d'un frère succédoient avec leur tante, elles donnoient les meubles à la tante, et les immeubles aux enfans des frères. *Nivernois*, ch. XXXIV, art. 34.

Il y en avoit, enfin, dans lesquelles des meubles et acquêts se divisoient en deux parts, la moitié pour la ligne paternelle, l'autre moitié pour la ligne maternelle. *Maine*, art. 240.

Comment, dans cette confusion et cette bigarrure universelle, établir des règles, des dispositions générales?

C'est ce que nos législateurs ont entrepris, en se rapprochant du droit romain dans le dernier état dans lequel les constitutions de Justinien et la jurisprudence des parlemens de droit écrit l'avoient laissé, modifié par la nature, la raison et l'expérience.

NOUVEAU CODE.

« La loi ne considère, ni la nature, ni
» l'origine des biens pour en régler la suc-
» cession. » *Code civil, chap. III, art.* 22.

Ainsi, plus de fiefs, plus de distinction de meubles, d'acquêts, des conquêts, de propres. C'est l'axiôme du droit romain. *Uniquum hominis patrimonium.* « Un seul
» patrimoine, une seule succession à chaque
» homme ; » modifié toutefois par la règle *paterna paternis, materna maternis,* « les
» biens paternels aux paternels, les mater-
» nels aux maternels, » empruntée de notre droit coutumier.

En effet, les biens que le défunt laisse dans sa succession, ou lui proviennent de son travail, de son économie, ou des suc-cessions qui lui sont échues.

Dans l'un et dans l'autre cas, ils appar-tiennent à ceux qui lui sont unis par les liens du sang. Mais ce lien provient de deux lignes, l'une paternelle, l'autre maternelle. Pourquoi l'une des lignes seroit-elle sacrifiée à l'autre, parce qu'un plus grand nombre de générations se seroient écoulées dans l'une que dans l'autre? C'est toujours l'*hoir plus proche,* non indistinctement, mais dans chaque ligne, qui est saisi par la loi.

Ainsi tombent toutes les questions auxquelles la préférence du double lien donnoit lieu : les articles 340 et 341 de notre coutume conservent toute leur force.

« Frères et sœurs, *supposé qu'ils ne* » *soient que de père ou de mère,* succè-» dent également avec leurs autres frères et » sœurs de père et de mère à leurs frères et » sœurs.....» *Coutume de Paris, art* 340.

« Ce que dessus a lieu aux oncles et autres » parens collatéraux qui ne sont joints que » d'un côté. » *Ibid, art.* 341.

Avec cette différence néanmoins, que le plus proche ne recueillera pas seul toute la succession, comme il héritoit seul *des meu-bles et acquêts* dans notre ancien droit ; mais seulement de la moitié appartenante à sa ligne.

« Toute succession échue à des ascendans » et à des collatéraux, se divise en deux » parts égales : l'une pour les parens de la » ligne paternelle, l'autre pour les parens » de la ligne maternelle.

» Les parens utérins ou consanguins ne » sont pas exclus par les germains ; mais ils

» ne prennent part que dans leur ligne,
» sauf ce qui sera dit ci-après à l'art. 42,
» (concernant les ascendans qui partagent
» avec les frères et sœurs du défunt.) »
Code civil, ibid, ch. III, sect. Ire, art. 22.

Les germains prennent part dans les deux lignes, non en vertu de la prérogative du double lien, mais parce qu'ils appartiennent à l'une et à l'autre.

N. B. C'est par le même motif que la loi ne parle dans cet article que de la succession des ascendans et des collatéraux ; car il n'y a point de distinction de ligne pour les descendans ; la succession d'un père, d'une mère, d'un aïeul ou aïeule s'ouvre en faveur de tous ses enfans ou petits-enfans sans distinction.

« Il ne se fait aucune dévolution d'une
» ligne à l'autre, que lorsqu'il ne se trouve
» aucun ascendant ou collatéral, de l'une
» des deux lignes. » *Ibid, art.* 23.

Ainsi, l'incapacité, l'indignité, la renonciation de l'héritier le plus proche de l'une des lignes, ne donnent ouverture à aucun droit en faveur des héritiers de l'autre ligne ; mais seulement de ceux de la même ligne en degré plus éloigné.

« Cette première division opérée entre les
» lignes paternelle et maternelle, il ne se fait

» plus de division entre les diverses branches;
» mais la moitié dévolue à chaque ligne
» appartient à l'héritier ou aux héritiers les
» plus proches en degrés, sauf le cas de
» représentation, ainsi qu'il sera dit ci-
» après. » *Ibid, art.* 24.

N. B. Ainsi plus de distinction de coutumes de *simple côté*, qui ne différoient guère de la division en deux lignes admise par le nouveau droit, excepté toutefois que cette préférence accordée à l'héritier le plus proche du côté de celui qui avoit mis le premier l'héritage dans la famille, ne portoit que sur les propres, que la distinction des deux lignes porte aujourd'hui sur toute l'hérédité; *de coutumes de côté et ligne, de coutumes fouchères, de coutumes de représentation à l'infini*, les plus embarrassantes de toutes Et cependant c'est une observation digne de remarque que, dans notre ancien droit, plus les coutumes exigeoient de conditions rigoureuses pour hériter des propres à l'exclusion de l'héritier le plus proche, plus elles se rapprochoient du droit commun *le mort saisit le vif, son hoir plus proche habile à lui succéder;* car il engloboit les propres mêmes, toutes les fois qu'il ne se trouvoit pas de parent qui eût les conditions requises pour établir son exception.

SECTION SECONDE.

De la représentation, tant en directe que collatérale.

I.

« L a représentation est une fiction de droit,
» dont l'effet est de faire entrer les repré-
» sentans dans la place, dans le degré et
» dans les droits du représenté. » *Code
civil, chap. III, sect II, art.* 22.

Ainsi, dans notre ancien droit, « les
» femelles survivant leur père venant à la
» succession de leur aïeul, représentoient
» leur père au droit d'aînesse...... *sans droit
» d'aînesse entre elles.* » Coutume de
Paris, art. 324.

Par la raison contraire, en ligne collatérale les mâles issus d'une fille, venant par
représentation avec leurs oncles, étoient
exclus en fiefs, comme participans à l'incapacité de leur mère. *Ibid, art.* 322.

Au contraire, « en succession collatérale
» où il y avoit fiefs, les enfans des frères
» (venant par représentation) n'excluoient

» leurs tantes, sœurs du défunt...... » *Ibid ;*
art. 323.

L'article de la coutume, en dit la raison,
que la représentation est une fiction de droit,
dont la puissance ne peut être telle qu'elle
donne l'exclusion à l'héritier venant de son
chef, sans avoir besoin du secours de la
représentation. « Ains y succèdent lesdites
» tantes de leur chef, comme étant les plus
» proches en degré. » *Ibid.*

Cette exclusion des femelles par les mâles
en fiefs est étrangère à notre droit actuel ;
mais je n'ai pas cru devoir omettre ces exemples comme servant à développer la nature
de la représentation telle qu'elle a été introduite dans le droit romain par la novelle
118 de Justinien, et qu'elle est admise dans
nos mœurs.

C'est par une suite du même principe, que
tout partage en cas de représentation, tant
en directe qu'en collatérale, se fait par souches et non par têtes ; en sorte que tous les
représentans, en quelque nombre qu'ils
soient, n'obtiennent que la part qui eût
appartenu au représenté, s'il eût survécu.

« Audit cas de représentation, lesdits
» représentans succèdent par souches, et

» non par têtes. » *Coutume de Paris, art.*
320.

« Les héritiers d'un défunt divisent égale-
» ment entre eux.... excepté les enfans des
» frères et sœurs qui partissent, et font
» ensemble une tête, au lieu de leur père et
» mère, s'ils succèdent avec leur oncle, et
» entre eux partissent également. » *Ibid,*
art. 327 *et* 328.

« Dans tous les cas où la représentation
» est admise, le partage se fait par souches :
» si une même souche a produit plusieurs
» branches, la subdivision se fait aussi par
» souche dans chaque branche, et les mem-
» bres de la même branche partagent entre
» eux par tête. » *Code civil, ibid, art.* 23.

Représentation en ligne directe descen-
dante.

« La représentation a lieu à l'infini dans
» la ligne directe descendante.
» Elle est admise danns tous les cas, soit
» que les enfans du défunt concourent avec
» les descendans d'un enfant prédécédé, soit
» que tous les enfans du défunt étant morts
» avant lui, les descendans desdits enfans

» se trouvent entre eux en degrés égaux
» ou inégaux. » *Code civil*, ibid, *art. 3o.*

N. B. La disposition de cet article, commune et
au droit romain et au droit français, ancien et nouveau, si vous en exceptez quelques coutumes bizarres
désavouées par toutes les autres, exige quelque développement.

Le mot représentation présente l'idée de rapprochement de degré. La représentation proprement dite
n'a donc lieu, même en ligne directe, qu'autant que
les enfans d'un fils ou fille décédés concourent avec
leurs oncles ou tantes à la succession de l'aïeul ou
aïeule commun. De cet ordre de choses résultoit une
injustice dans le cas où tous les enfans seroient décédés, laissant des enfans qui, venant de leur chef à la
succession de leur aïeul ou aïeule, la partageroient
par têtes, attendu l'égalité de degré. Prenons un
exemple. Un père a deux enfans; ils décèdent l'un
et l'autre avant lui, laissant, l'un un fils unique,
l'autre six enfans. S'ils venoient tous ensemble par
têtes à la succession de leur aïeul, l'une des branches
emporteroit les six septièmes, l'autre un septième
seulement. Pour parer à cette inégalité, la loi feint
une sorte de co-propriété des enfans avec leur père,
plutôt administrateur de sa propre fortune pour la
conserver à ses enfans, que pleinement et unique
propriétaire pour en user et abuser, suivant l'expression des lois. Que résulte-t-il de cette idée aussi
morale que politique ? que l'un des fils mourant
transmet à ses enfans, en quelque nombre qu'ils

soient, et ses biens personnels, et son droit éventuel
à la moitié de la succession du père commun ; l'autre
fils en fait autant. A l'ouverture de la succession de
l'aïeul, chacune des branches se présente avec les
droits que son auteur lui a transmis à la moitié de
cette même succession. Telle est la nature du partage
par souches, qui se subdivisent par têtes entre tous
les descendans d'une même branche.

II.

Nulle représentation dans la ligne
directe ascendante.

La luctueuse succession (comme parlent
les lois) accordée aux ascendans, *in solatium liberorum amissorum*, « pour les
» consoler de la perte qu'ils ont faite de
» leurs enfans, » est susceptible de la séparation en deux lignes, de dévolution du
père ou de la mère décédés à l'aïeul ou
aïeule de la même ligne, de dévolution
d'une ligne à l'autre, s'il ne se trouve dans
la ligne défaillante aucun père, mère, aïeuls
ou aïeules capables de recueillir l'hérédité,
non de représentation ; car autant il est dans
la nature que le fils représente son père,
autant il seroit absurde que l'aïeul préten-
dît représenter son fils, pour venir à la

succession de son petit-fils décédé ; il n'en a pas besoin, puisqu'à défaut de père ou de mère du défunt, il vient de son chef, dans sa ligne, à la succession.

« La représentation n'a pas lieu en fa-
» veur des ascendans ; le plus proche, dans
» chacune des deux lignes, exclut toujours
» le plus éloigné. » *Code civil, ibid, art.* 31.

III.

Représentation en ligne collatérale.

J'ai rapporté plus haut le texte de la no-velle 118, ch. 3, qui la première admit la représentation en ligne collatérale entre les frères germains du défunt, ensuite dans le deuxième ordre, entre les frères consan-guins et utérins, et leurs neveux et nièces qu'elle rapproche d'un degré.

La représentation en collatérale ne s'é-tendoit pas au-delà ni dans le droit romain, ni dans le droit écrit, ni dans la coutume de Paris, qui n'admettant pas le privilége du double lien, ne distinguoit pas les frères germains, des consanguins et utérins.

« En ligne collatérale, représentation a
» lieu quand les neveux et nièces viennent

» à la succession de leur oncle et tante,
» avec les frères et sœurs du décédé.... »
Coutume de Paris, art. 320.

Ainsi les petits-neveux, ni tous autres descendans des frères et sœurs ne venoient à la succession de leurs grands oncles ou tantes, qu'en vertu d'un rappel *extra terminos juris*, « hors des termes de droit, » comme parloient les jurisconsultes, assujéti aux formalités, et borné aux seules quotités dont le défunt avoit pu disposer par testament.

La division en deux lignes effaçoit, depuis quelques années, dans toute la France, la prérogative du double lien ; mais comme les esprits de la multitude se portent facilement aux extrêmes, ainsi qu'une vue foible ne voit que les masses, sans mesurer avec exactitude l'étendue et la distance, tels nos législateurs intermédiaires abandonnant la route frayée par le droit romain et par notre coutume, qui restreignoit le privilége de la représentation en collatérale au premier degré, s'étoient engagés dans le labyrinthe inextricable de la représentation à l'infini.

Le nouveau code corrige cet abus ; et

Successions. 5

cependant ne considérant pas la représentation comme un privilége, une dérogation à la règle, *le mort saisit le vif son hoir plus proche*, mais comme l'exécution du vœu de la nature qui identifie les père et mère avec leurs enfans, il accorde ce droit, et le partage par souches à tous les descendans des frères et sœurs, quelque nombre de générations qui se soient écoulées ; sans remonter toutefois à une tige plus éloignée que celle qui leur est commune avec le défunt ; ce qui remplit toute justice sans avoir les inconvéniens de la représentation à l'infini.

« En ligne collatérale, la représentation
» est admise en faveur des enfans et des
» descendans des frères et sœurs du défunt,
» soit qu'ils viennent à sa succession con-
» curremment avec les oncles ou tantes,
» soit que tous les frères et sœurs du dé-
» funt étant prédécédés, la succession se
» trouve dévolue à leurs descendans, en
» degrés égaux ou inégaux. » *Ibid, art.* 32.

Les neveux et nièces venant par repré-
sentation avec leurs oncles et tantes, à la succession du prédécédé, « prendront (dit
» la novelle 118) la même portion dans

» l'hérédité du défunt que leur père eût eue
» s'il eût survécu. » *Tantam ex hœreditate percipient portionem, quantam parens eorum fuisset accipere si supervixisset.*

Il faut donc que le degré soit vacant par la mort naturelle ou civile de l'héritier, pour qu'il puisse être rempli par son enfant; là renonciation ne peut opérer cet effet; car l'héritier renonçant a été saisi par la loi à l'instant de l'ouverture de la succession ; la saisine légale qu'il a repoussée accroît à ses co-héritiers, sans donner lieu à la représentation.

C'est ce que les jurisconsultes expriment par cet axiome : *On ne représente pas un homme vivant.*

Mais si l'un des frères ou sœurs est mort, ses enfans, neveux du défunt, *de cujus,* comme parlent les jurisconsultes, ne sont pas exclus du droit de venir à la succession par représentation de leur père, à la succession duquel ils ont renoncé ; car il y a ici deux hérédités, celle de leur père qu'ils ont refusée, celle de leur oncle à laquelle ils viennent de leur chef, en vertu de la vocation de la loi, en se rapprochant seulement du degré pour occuper la place vacante par le décès de leur père ; ce qui

ne dépend nullement de la qualité d'héritiers de celui que la loi les autorise à représenter.

« On ne représente pas les personnes
» vivantes; mais seulement celles qui sont
» mortes naturellement ou civilement.

» On peut représenter celui à la succes-
» sion duquel on a renoncé. » *Code civil*,
ibid, *art* 34. *Ibid, chap. IV, art.* 77.

SECTION II.

§. UNIQUE.

De la succession des descendans.

« L ES enfans et descendans succèdent à
» leur père et mère, ou autres ascendans,
» *sans distinction de sexe ni de primogé-*
» *niture,* et encore qu'ils soient issus de
» différens mariages.

» Ils succèdent par égale portion et par
» têtes, quand ils sont tous au premier
» degré : ils succèdent par souches, quand
» ils viennent tous, ou en partie, par re-
» présentation. » *Code civil, chap. III,*
sect. III, *art.* 35.

SECTION TROISIÈME.

Des successions des ascendans et des collatéraux.

N.B. Je joins ces deux objets, à cause de la relation directe qu'ils ont entre eux.

Pour rendre plus sensible les dispositions du nouveau code, notamment en ce qui regarde la succession des ascendans, qu'on me permette de reprendre et développer, en peu de paroles, une partie de l'esquisse que j'ai tracée de notre droit ancien.

Je passerai ensuite au droit nouveau; et pour en rendre les dispositions plus frappantes, j'en appliquerai, autant que je le jugerai nécessaire, la théorie à des espèces.

§. Ier.

DROIT ANCIEN.

L'ORDRE de la nature défère l'hérédité des ascendans à leurs descendans; mais quand cet ordre est troublé par le prédécès des descendans, quoi de plus juste que d'appeler les ascendans à recueillir la triste succession de leurs enfans, dont ils doivent être regardés comme la source par l'éducation qu'ils leur ont donnée, par les libéralités qu'ils leur ont faites !

Cependant cet ordre de successions fut inconnu dans l'ancien droit romain. Les pères recueilloient, il est vrai, les biens de leurs enfans émancipés ; mais c'étoit en vertu d'une condition expresse apposée à l'émancipation. Si le père émancipateur avoit omis de stipuler le droit de succéder à ses enfans, il étoit censé y avoir renoncé, et ne recueilloit l'hérédité que comme plus proche agnat, suivant la loi des douze tables. Quant aux enfans qui étoient demeurés sous la puissance paternelle, ils ne possédoient rien par eux-mêmes pendant la vie de leur père ; ils n'avoient donc d'hérédité que le *pecule castrense* et *quasi castrense*, c'est-à-dire, les biens par eux acquis dans le service militaire, ou dans les fonctions honorables de la magistrature ou du barreau, auxquels le père ne succédoit qu'en vertu de l'agnation.

Ce droit subsista jusqu'à Justinien qui accorda, sans distinction, au père émancipateur les mêmes droits que le patron avoit à la succession de ses affranchis.

L'émancipation de la puissance paternelle
étant faite, non plus par une vente fictive,
mais par la déclaration du père en présence
du magistrat, « le père aura, en vertu de
» l'édit du préteur, sur les biens de son
» fils, de sa fille, de son petit - fils, de sa
» petite-fille, les mêmes droits que le patron
» sur les biens de son affranchi. » *Et tunc
ex edicto prætoris in bonis ejusmodi filii
vel nepotis vel neptis qui quæve à parente
manumissus, vel manumissa fuerit, eadem jura prestantur parenti, quæ tribuun-
tur patrono in bonis liberti.* Inst. *quibus
modis jus patriæ post. solv.* §. 6.

    « Cependant est appelé à la succession
» légitime le père qui a émancipé, sous
» cette condition, son fils, sa fille, son
» petit-fils, sa petite-fille, et autres descen-
» dans ; mais, par notre constitution, au
» lieu que les anciens jugeoient nécessaire
» que l'acte d'émancipation renfermât une
» stipulation expresse à cet effet, cette con-
» dition est suppléée de droit. » *Ad legitimam successionem nihilominus vocatur
etiam parens qui contractâ fiduciâ filium
vel filiam, nepotem vel neptem, ac deinceps emancipat; quod ex nostrâ constitu-*

tione inducitur, ut emancipationes libero-
rum semper videantur quasi contractâ
fiduciâ fieri, cum apud veteres, non aliter
id obtineat, nisi specialiter contractâ fidu-
ciâ parens manumisisset. Ibid, *de leg.*
agnat. successione. §. 8.

La première loi qui ait appelé les mères
à la succession de leurs enfans prédécédés,
est une constitution de l'empereur Claude,
perfectionnée, sous Adrien, par le *Senatus-*
Consulte Tertullien. C'étoit une grâce,
une récompense de la fécondité, qui n'avoit
lieu qu'à défaut du père et des frères consanguins du défunt, en faveur de celles qui
avoient donné naissance à trois enfans, pour
les femmes nées hors de l'esclavage, et à
quatre pour les affranchies. *Inst. de S. C.*
Tertulliano. L'aïeule ne jouissoit pas de ce
privilége.

Justinien accorda enfin indistinctement
aux mères et aux aïeules le droit de succéder
à leurs enfans ou petits-enfans, conjointement avec les frères consanguins du défunt,
à l'exclusion des frères utérins.

L'admission du double lien, et l'adoucis-
sement que cet empereur apporta, à la
puissance paternelle, en réduisant le père

au simple usufruit du *pécule adventice*, c'est-à-dire, des biens provenus à ses enfans de la succession maternelle ou des libéralités qui leur avoient été faites, occasionnèrent un nouveau changement. Par la novelle 118, chap. 2, le père, la mère, et à leur défaut l'aïeul ou aïeule paternels ou maternels, furent admis à la succession, avec les frères et sœurs germains, à l'exclusion des frères consanguins et utérins.

Ce droit avoit reçu, dans nos provinces de droit écrit, quelque altération par l'édit de Charles IX, de 1567, nommé *l'édit des mères*, mélange bizarre des maximes du pays coutumier et des principes du droit romain.

Les lois romaines défèrent à l'héritier l'universalité des biens de la succession, sans distinction de leur nature et de leur origine, *uniquum hominis patrimonium;* nos coutumes, au contraire, distinguoient les meubles et les acquêts, des propres, c'est-à-dire, des biens provenus au défunt, de la succession de ses parens. Elles saisissoient des meubles et acquêts la ligne directe descendante ou ascendante, et à son défaut, l'héritier collatéral le plus proche, de quelque ligne qu'il fût. Les propres, au contraire, appartenoient à l'héritier le plus proche, du côté et ligne dont ils étoient provenus. Les ascendans n'y avoient pas plus droit, en cette qualité, que les collatéraux; mais entre les propres, il en étoit sur lesquels les ascendans avoient un privilége particulier; c'étoient les biens acquis pendant la communauté conjugale, fruits de leur collaboration réciproque, devenus propres à leurs enfans par le décès du conjoint prédécédé. Notre coutume, dans l'article 314, donnoit l'usufruit de ces propres au conjoint qui survivoit à ses enfans ou petits-enfans, la propriété au plus proche parent du défunt du côté et ligne dont ils lui étoient échus. C'est ce droit que l'édit des mères avoit transféré dans les provinces de droit écrit, réduisant les mères au simple usufruit de la moitié des biens paternels de leurs enfans, et à la moitié des meubles et acquêts. Le motif de la loi avoit été la crainte qu'elles ne transmissent à des familles étrangères une fortune qui leur étoit échue par le décès de leurs enfans; mais un édit du mois d'août 1729, rédigé par le célèbre chancelier d'Aguesseau, révoquant l'édit des mères, et

rappelant les maximes du droit romain, qui
étoit la loi de ces provinces, avoit mis fin à
des contestations sans nombre.

I.

En quels cas la succession ascendante
avoit lieu, et au profit de qui?

Père et mère succèdent à *leurs enfans
nés en loyal mariage,* s'ils vont de vie à
trépas *sans hoirs de leurs corps….. et en
défaut d'eux l'aïeul ou aïeule et autres
ascendans.* Art. 311.

*….. Au cas toutefois que lesdits enfans
décèdent sans enfans et descendans d'eux.*
Art. 314.

I I.

Droit de retour. Ce que c'est?

Toutefois *succèdent* aux choses par eux
données à leurs enfans et descendans d'eux.
Art. 313.

N. B. Les donations des ascendans à leurs descendans sont censées renfermer la condition tacite **du**
droit de retour, si les donataires décèdent sans postérité. Observez cependant ce mot *succèdent*; ainsi les

ascendans recueillant les biens par eux donnés, en vertu du retour légal, établi par cet article, étoient obligés de contribuer aux dettes de la succession, suivant les articles 332 et 334 ; c'étoit la conséquence de la propriété qu'ils avoient transmise à leurs enfans par les donations entre-vifs. Il n'en étoit pas ainsi quand le droit de retour avoit été stipulé franc de toutes dettes, par l'acte même de donation ; car chacun est le maître d'imposer telle condition qu'il veut à sa libéralité : c'est ce droit qu'on nommoit *retour conventionnel*.

III.

Succession des meubles et acquêts.

.... Père et mère *succèdent aux meubles, acquêts et conquêts immeubles*, et en défaut d'eux l'aïeul et l'aïeule, et autres ascendans. *Art.* 311.

..... *En pleine propriété*.... Art. 315 ci-après.

IV.

Ce qui avoit été acquis par les enfans conservoit nature d'acquêt au profit de l'aïeul, dans la succession de ses petits-enfans ; en quel cas ?

Si le fils fait acquisition d'héritages ou

autres biens immeubles, *et il décède délaissant à son enfant lesdits héritages ; et ledit enfant décède après, sans enfans et descendans de lui, et sans frères ni sœurs, l'aïeul et aïeule succèdent auxdits héritages, en pleine propriété,* et excluent tous autres collatéraux. *Art.* 315.

N. B. Ces mots, *et sans frères ni sœurs ;* ainsi les frères et sœurs du petit-fils étoient préférés à l'aïeul, quand les biens acquis par le père étoient devenus propres en la personne de ses enfans.

V.

Propre ne remonte ; sens de cette maxime.

En succession en ligne directe, *propre héritage ne remonte, et n'y succèdent les père et mère, aïeul ou aïeule.* Art. 312.

N. B. C'est-à-dire qu'ils ne succédoient pas à ces biens en qualité d'ascendans ; mais comme héritiers des propres de leurs enfans, s'ils étoient les plus proches du côté et ligne de celui qui avoit mis l'héritage dans la famille ; ce qui sembloit tenir de l'ancien droit romain, qui ne connoissoit que deux ordres d'hérédité ; celle qui s'ouvroit en faveur des héritiers siens, et celle qui s'ouvroit en faveur des agnats, où les ascendans ne succédoient pas à leurs enfans et descendans comme ascendans ; mais comme agnats, s'ils étoient les plus proches en degré.

VI.

Succession en usufruit ; de quels biens ?

Laquelle moitié des conquêts avenue aux héritiers du trépassé est le propre héritage desdits héritiers ; tellement que si lesdits héritiers vont de vie à trépas, sans hoirs de leur corps, icelle moitié retourne à leur plus proche héritier du côté et ligne de celui desdits mariés par le trépas duquel leur est advenue ladite moitié, *desquels biens toutefois les père ou mère, aïeul ou aïeule succédans à leurs enfans, jouiront par usufruit, leur vie durant, au cas qu'il n'y ait aucuns descendans de l'acquéreur.* Art. 250.

N. B. C'est-à-dire, *au cas que les enfans décédassent sans enfans.* Ainsi les ascendans jouissoient par usufruit des biens provenus de leur collaboration, devenus propres naissans à leurs enfans, au préjudice des frères et sœurs du décédé, comme nous le verrons dans l'article 314 ci-après. *Voyez* le titre *de la Communauté.*

Les père et mère jouissent par usufruit

des biens délaissés par leurs enfans *qui ont été acquis par lesdits père et mère et par le décès de l'un d'eux advenus à l'un de leurs enfans,* encore qu'ils aient été faits propres auxdits enfans, *au cas toutefois que lesdits enfans décèdent sans enfans et descendans d'eux ;* et après le décès desdits père et mère qui ont joui desdits biens par usufruit, lesdits biens retournent aux plus proches parens desdits enfans, desquels procèdent lesdits biens. *Art.* 3i4.

§. II.

DROIT NOUVEAU.

La division en deux lignes dans la succession directe descendante est si simple, qu'elle n'exige aucuns détails.

Il n'en est pas ainsi dans la ligne ascendante et collatérale.

Un homme décède sans enfans ni descendans. Il laisse dans l'une des lignes ascendantes un père, une mère ; dans l'autre, un aïeul ou aïeule ; en collatérale, des frères germains, utérins, consanguins.

Dans notre ancien droit, en pays de droit écrit, le père, la mère survivans dans l'une des lignes, eussent recueilli la moitié de toute la succession; les frères germains, en vertu du double lien, l'autre moitié; à l'exclusion de l'aïeul et autres ascendans de l'autre ligne, comme plus éloignés en degré, et des frères utérins et consanguins. Dans plusieurs de nos coutumes, notamment à Paris, le père, la mère, et à leur défaut l'aïeul et l'aïeule eussent succédé en pleine propriété, aux meubles et acquêts du défunt, les seuls biens dans lesquels nos coutumes s'attachassent spécialement à la proximité de degré, à l'exclusion des frères et sœurs germains, utérins, consanguins; quant aux propres, ils en eussent été exclus par les parens du défunt les plus proches du côté et ligne de celui qui avoit mis le premier ces immeubles dans la famille; à l'exception seulement des conquêts de leur communauté, devenus propres à leurs enfans par le prédécès de celui qui avoit contribué à les former, dont ils eussent joui en usufruit seulement, la propriété étant dévolue aux héritiers les plus proches du côté et ligne. En d'autres provinces, les aïeuls et aïeules ne succédoient pas, mais seulement les père et mère.

Par le nouveau code, dans l'espèce pro-
posée, s'il ne se trouve pas de frères et sœurs,
neveux ou nièces, venans par représentation, l'aïeul ou aïeule partageront avec le
père et la mère du défunt, quoique plus
éloignés en degré ; car ils sont au second, le
père et la mère au premier, mais non dans
la même ligne.

« Si le défunt n'a laissé ni postérité, ni
» frère, ni sœur, ni descendant d'eux, la
» succession se divise par moitié entre les
» ascendans de la ligne paternelle, et les
» ascendans de la ligne maternelle.

» L'ascendant qui se trouve le plus proche
» recueille la moitié affectée à sa ligne, à
» l'exclusion de tous les autres. » *Code
civil, ibid, sect. IV, art.* 36.

Dans la même hypothèse, s'il existe des frères
et sœurs, soit germains, soit consanguins,
soit utérins ; ce qui exige une subdivision
d'après les principes du nouveau code, qui
admet les frères et sœurs, quels qu'ils soient,
(sans distinction de double lien) ils succéde-
ront concurremment avec les ascendans.

« Lorsque les père et mère d'une personne
» morte sans postérité lui ont survécu, si
» elle a laissé des frères et sœurs, ou des

Successions.   6

» descendans d'eux, la succession se divise
» en deux portions égales, dont moitié seu-
» lement est déférée *aux père et mère* qui
» la partagent entre eux également.

« » L'autre moitié appartient aux frères et
» sœurs ou descendans d'eux . . . . . » *Ibid,*
art. 38.

« *Si les père et mère* de la personne
» morte sans postérité, lui ont survécu, ses
» frères ou leurs représentans ne sont appe-
» lés qu'à la moitié de la succession. Si le
» père ou la mère seulement ont survécu,
» ils sont appelés à recueillir les trois
» quarts. » *Ibid, sect. V, art.* 41.

« Le partage de la moitié ou des trois
» quarts dévolus aux frères et sœurs, aux
» termes de l'article précédent, s'opère
» entre eux par égales portions, s'ils sont
» tous de même lit; s'ils sont de lits diffé-
» rens, la division se fait par moitié entre
» les deux lignes paternelle et maternelle
» du défunt; les germains prennent part
» dans les deux lignes, et les utérins et
» consanguins dans l'autre ligne seulement;
» s'il n'y a frères ou sœurs d'un côté, ils
» succèdent à la totalité à l'exclusion de tous
» autres parens de l'autre ligne. » *Ibid, art.* 42.

N.B. Voilà une subdivision en côté et ligne, comme dans notre coutume ; mais elle ne résulte pas d'une distinction générale des biens en meubles, acquêts et propres, mais de la nécessité de subdiviser la moitié ou les trois-quarts de la succession entre les branches dont ils sont provenus ; ce qui produit à peu près le même effet.

« …. Et quant aux propres héritages, lui
» succèdent *les parens qui sont les plus*
» *proches du côté et ligne dont sont venus*
» *et échus au défunt lesdits héritages,*
» encore qu'ils ne soient les plus proches
» parens du défunt. » *Coutume de Paris,*
art. 326.

« …. Et sont réputés parens du côté et
» ligne, *supposé* (encore) *qu'ils ne soient*
» *descendus de l'acquéreur.* » Ibid, art.
329.

La règle générale reprend sa force quand l'exception cesse.

« Et s'il n'y a aucuns héritiers du côté et
» ligne dont sont venus les héritages, ils
» appartiennent au plus proche habile à
» succéder, de l'autre ligne, en quelque
» degré que ce soit. » *Ibid, art.* 330.

Les dispositions du nouveau code n'excluent pas le *droit de retour* en faveur des

ascendans pour les choses par eux données à leurs enfans et descendans, tel qu'il est porté en l'article 312 de notre coutume, plein et entier, *à titre de succession*; en sorte que les ascendans recueillent ces objets s'ils existent en nature; le prix, s'ils ont été aliénés; l'action en reprise (ou *réméré*), si elle existe dans la succession; et qu'ils sont tenus des dettes jusqu'à concurrence de l'émolument, ainsi qu'il sera dit ci-après.

« Les ascendans *succèdent*, à l'exclusion
» de tous autres, aux choses par eux don-
» nées à leurs enfans ou descendans décédés
» sans postérité, lorsque les objets donnés
» se retrouvent en nature dans la succession.

» Si les objets ont été aliénés, les ascen-
» dans recueillent le prix qui peut en être
» dû; ils succèdent aussi à l'action en reprise
» que pouvoit avoir le donataire. » *Code civil, sect. IV, art.* 57.

Le nouveau code n'exclut pas non plus l'usufruit, accordé aux ascendans par les articles 230 et 314 de notre coutume, de portions des biens qu'ils ne recueillent pas en propriété; mais ce n'est pas de la totalité des biens provenus de la collaboration réciproque de deux époux, dont la moitié est

devenue propre naissant en la personne des
enfans du prédécédé; mais du tiers des biens
auxquels les père ou mère ne succèdent pas
en propriété ; dans le seul cas où il ne se
trouve ni frères ou sœurs du défunt, ni
descendans d'eux, ni ascendans de l'autre
ligne.

« A défaut de frère ou sœur, ou descen-
» dans d'eux, et à défaut d'ascendans dans
» l'une ou l'autre ligne, la succession est
» déférée, par moitié, aux ascendans sur-
» vivans, et pour l'autre moitié, aux parens
» les plus proches de l'autre ligne.

» S'il y a concours de parens au même
» degré, ils partagent par têtes. » *Code
civil, ibid, sect. V, art. 43.*

« *Dans le cas de l'article précédent, le*
» *père ou la mère survivant a l'usufruit*
» *du tiers des biens auxquels il ne succède*
» *pas en propriété.* » Ibid, art. 44.

« Lorsque le défunt laisse un père et une
» mère, s'il ne laisse d'ailleurs ni descen-
» dans, ni frère, ni sœur, ni neveux, ni
» aucun ascendant dans l'autre ligne, nous
» avons conservé, dans ce cas, au père ou
» mère survivant l'usufruit du tiers des
» biens dévolus aux collatéraux ; foible

» consolation sans doute pour le père ou la
» mère ; mais consolation qui pourra leur
» procurer du soulagement dans l'âge des
» infirmités et des besoins..... » *Discours
du conseiller d'état Treilhard.*

L'ordre de la succession, tant ascendante
que collatérale, a donc pour base, dans le
nouveau code, la division en deux lignes
paternelle et maternelle, en vertu delaquelle
le plus proche, dans chaque ligne, recueille
la portion qui revient à sa ligne, sans distinction ni de double lien, comme dans le
droit romain, ni de meubles, acquêts,
conquêts, propres, comme dans notre coutume, quand il se trouveroit dans l'autre
ligne un héritier plus proche que lui, et par
dévolution d'une ligne à l'autre en cas qu'il
ne se trouve ni ascendant ni collatéraux de
la ligne défaillante.

Un seul article sembleroit avoir besoin
de quelque explication : c'est l'article 40,
section V.

« En cas de prédécès des père et mère
» d'une personne sans postérité, ses frères
» et sœurs, ou leurs descendans, sont
» appelés, à *l'exclusion des ascendans et*
» *des autres collatéraux.*

» Ils succèdent de leur chef ou par repré-
» sentation, ainsi qu'il a été réglé dans la
» section de la *Représentation*. »

Pourquoi l'aïeul ou aïeule, et les autres
ascendans de chaque ligne, sont-ils exclus,
puisque dans les autres dispositions de la
loi, ils partagent avec les frères et sœurs et
leurs représentans; et que, même à défaut
d'ascendans d'une ligne, il y a dévolution
au profit de ceux de l'autre ligne, quoique
plus éloignée en degrés? « A défaut de pa-
» rens au degré successif, dans une ligne,
» les parens de l'autre ligne succèdent pour
» le tout. » *Ibid, art.* 45.

« Les parens au-delà du douzième degré
» ne succèdent pas. » *Ibid.*

CHAPITRE IV.

*Des successions irrégulières, ou de ceux
qui tiennent lieu d'héritiers.*

LE nouveau code distingue trois ordres de
successions qu'il nomme *irrégulières*.

Celui des enfans naturels ou bâtards;
celui du conjoint survivant; celui de la

République, du fisc dans le droit romain, du domaine du prince dans notre ancien droit.

SECTION PREMIÈRE.

Des droits des enfans naturels sur les biens de leur père ou mère, et de la succession des enfans naturels décédés sans postérité.

§. UNIQUE.

Comparaison du droit ancien au droit nouveau.

« Qui n'est habile à succéder, comme un » bâtard.... » *Coutume de Paris*, art. 158.

Tel étoit le droit commun de la France, même dans les pays de droit écrit. Quoique le droit romain admît indistinctement les enfans naturels à la succession de leur mère, même ceux qu'on nommoit *vulgo quæsiti*, parce que le père ne les avoit pas reconnus. (Voyez la novelle 18, chap. V.) Les bâtards n'ayant point de famille aux yeux de la loi,

n'étoient admis à la succession testamentaire, ni légitime, même de leur mère,
même du père qui les avoit reconnus. La
jurisprudence de toutes les cours ne leur
accordoit que des aliniens, soit en vertu des
legs particuliers qui leur étoient faits par
les auteurs de leurs jours, soit à l'arbitrage
du juge, plus ou moins forts, selon le vice
de leur naissance. Voyez le titre *des Personnes.*

De cette austérité de nos mœurs antiques,
la secte prédominante dans le chaos de notre
révolution, avoit passé à l'immoralité la
plus entière, plaçant les enfans naturels,
quels qu'ils fussent, au rang des enfans légitimes, non-seulement dans la succession
de leur mère, mais dans celle même du
père qui les avoit reconnus. Quel frein les
passions des hommes avoient-elles sous de
telles lois ? C'est ainsi qu'ayant assimilé,
par l'admission du divorce pour raison d'incompatibilité d'humeurs, le plus saint des
engagemens au plus versatile des contrats,
ils sembloient redouter jusqu'au fantôme des
nœuds légitimes, en effaçant toute distinction entre les fruits qui en étoient provenus,
et les rejetons parasites du commerce le plus

scandaleux ; systèmes nouveaux en effet, inconnus à toute l'antiquité, lors même qu'elle divinisoit les foiblesses des mortels.

Entre ces deux extrêmes, dont l'un respectable par son antiquité, par les motifs qui l'avoient inspiré, qui avoit toutefois, comme l'observe l'orateur du gouvernement, l'inconvénient de *flétrir les enfans naturels*, pour un crime dont ils n'étoient pas coupables, l'autre qui sembloit n'avoir été imaginé que pour enhardir la prostitution, le nouveau code cherche un juste milieu.

Les enfans naturels n'ont point de famille ; ils n'auront donc point de part à la succession légitime ; ils ne seront point héritiers.

« Les enfans naturels ne sont point héri-
» tiers ; la loi ne leur accorde aucun droit
» sur les biens de leurs père et mère dé-
» cédés, que lorsqu'ils ont été légalement
» reconnus. Elle ne leur accorde aucun
» droit sur les biens des parens de leurs
» père et mère. » *Code civil, ibid, ch. IV, sect. I, art.* 46.

Cette reconnoissance de la part du père et de la mère même, ne peut avoir lieu en

faveur des fruits de l'inceste et de l'adultère;
ce seroit de la part des père et mère un
crime punissable par les lois; la loi qui veut
que le mari soit le père de tous les enfans
nés sous le voile du mariage, s'oppose même
à la reconnoissance de la maternité des enfans adultérins.

La loi nouvelle, comme notre ancienne
jurisprudence, ne leur accorde que des alimens proportionnés « aux facultés du père
» ou de la mère, au nombre et à la qua-
» lité des héritiers légitimes. » *Code civil,*
ibid, art. 5a *et* 53.

« Lorsque le père ou la mère de l'enfant
» adultérin ou incestueux lui auront fait
» apprendre un art mécanique, ou lorsque
» l'un d'eux lui aura assuré des alimens de
» son vivant, *l'enfant ne pourra élever au-*
» *cune réclamation contre leur succes-*
» *sion.* » Ibid, art. 54.

Il n'en est pas ainsi des fruits du concu-
binage entre deux personnes libres, ou
même de ceux que les lois romaines nommoient *vulgo quæsiti,* « enfans du hasard,»
s'il est permis de parler ainsi, que le sénatus-consulte orficien appeloit à la succession de leur mère, lorsqu'il n'y avoit au-

cune reconnoissance de la part du père: *Novissime sciendum est, etiam illos liberos, qui vulgo quæsiti sunt, ad matris hæreditatem ex senatus consulto admitti. §. 3. Inst. de S. C. orficiano.*

« Enfin, il est nécessaire de savoir que
» les enfans même dont le père est inconnu,
» parce que leur mère étoit une femme pu-
» blique, sont admis à l'hérédité de leur
» mère, par le sénatus-consulte. »

Pour de tels bâtards, au lieu d'abandonner, comme dans notre ancienne jurisprudence, à l'arbitrage du juge, le soin de pourvoir à leur subsistance, le nouveau code crée un nouvel ordre de succession irrégulière, qui a tous les effets de la véritable. Si le père qui les a reconnus a laissé des descendans légitimes, leur droit est *d'un tiers de la portion héréditaire qu'ils auroient eu s'ils eussent été légitimes ;* de la moitié, lorsque le père ou la mère n'ont pas laissé de descendans ; *mais seulement des ascendans ou des frères et sœurs ;* des *trois quarts, si le père et la mère ne laissent ni ascendans, ni frères et sœurs ;* mais seulement des collatéraux plus éloignés en degré (*Ibid, art.* 47); de la totalité, s'il ne se trouve aucun héritier légitime *en degré successible.* (*Ibid , art.* 48); c'est-à-dire, comme il a été expliqué, (art. 45) jusqu'au douzième degré; en sorte qu'ils n'obtiennent, en aucun cas, de préférence pour jouir de la totalité de la succession, que sur la veuve du défunt, deuxième ordre de succession irrégulière, dont il sera parlé ci-après, ou sur le fisc.

« En cas de prédécès de l'enfant naturel, » *ses enfans et descendans* peuvent ré-» clamer les droits fixés par les articles pré-» cédens. » *Ibid , art.* 49. .

N. B. Ses enfans et descendans seuls ; car les bâtards n'ont d'autre famille que celle qu'ils commencent.

Une telle loi seroit facilement éludée par l'affection qui résulte d'un commerce furtif, plus vive quelquefois que celle même produite par le saint nœud du mariage, si les enfans naturels n'étoient obligés d'imputer, sur leur part dans la succession irrégulière, tout ce qu'ils ont reçu du vivant de leurs père et mère. *Ce rapport est de droit.* Ibid, art. 50.

Les père et mère ne peuvent augmenter la portion de leur succession que la loi assigne à leurs bâtards ; mais ils peuvent la restreindre à la moitié, qui leur tient lieu comme d'une sorte de légitime, dont le supplément leur est alloué, si les donations qui leur ont été faites ne sont pas suffisantes pour les remplir de cette moitié. *Ibid, art.* 52.

SECTION II.

Des droits des conjoints et de la République : deuxième et troisième ordre de successions irrègulières, et des successions vacantes.

Un nouvel ordre de successions, ascendante et collatérale, est introduit dans cette succession irrégulière, un nouveau droit de retour des choses données par les père et mère à leurs descendans naturels, un nouveau partage entre les père et mère des enfans naturels qu'ils ont reconnus, et leurs frères et sœurs légitimes, et à défaut d'ascendans, entre ces mêmes frères et sœurs les seuls collatéraux que les enfans naturels puissent avoir, tels que ces droits ont lieu

dans la succession régulière. *Code civil,
ibid, art.* 55 *et* 56.

Nous réunissons toutes ces matières,
parce qu'elles ont une relation intime.

« Lorsque le défunt ne laisse ni parens
» au degré successible, *ni enfans naturels,*
» les biens de sa succession appartiennent
» au conjoint *non divorcé* qui lui survit. »
Code civil, ibid, sect. II, art. 57.

Cet article est entièrement puisé dans le
droit romain.

« Que le mari et sa femme se succèdent
» réciproquement *ab intestat* l'un à l'autre,
» suivant l'ancien droit (disent les empe-
» reurs Théodose et Valentinien) et excluent
» le fisc, toutes les fois que la légitime et
» naturelle hérédité des ascendans, des des-
» cendans et des collatéraux vient à man-
» quer. »

*Maritus et uxor ab intestato sibi invi-
cem succedant, quoties deficiet omnis parentum, liberorumve, seu propinquorum
legitima et naturalis successio; fisco ex-
cluso.* L. un. C. *unde vir et ux.*

« Pour que l'envoi en possession puisse
» être demandé par le conjoint survivant,
» (car ce droit ne remontoit pas à la loi

» des douze tables ; mais seulement à l'édit
» du préteur) il faut que le mariage ait
» été légitime..... Il faut en outre que celle
» qui se présente pour recueillir une telle
» hérédité, se soit trouvée épouse au temps
» de la mort ; car si elle a divorcé, *quoi-*
» *que le lien du mariage ne soit pas rom-*
» *pu,* cette succession n'a pas lieu. »

*Ut bonorum possessio petipossit, unde
vir et uxor, justum esse matrimonium
oportet mortis tempore ; sed si divortium
quidem secutum sit ; verumtamen jure
durat matrimonium ; hœc successio locum
non habet. L. un. dig. eod.*

Ce qui arrivoit, dit Godefroi, quand une
affranchie avoit divorcé ; car elle ne pouvoit passer à d'autres noces sans le consentement de son patron.

Par quelle étrange fatalité, née de la
corruption de nos mœurs, ce que la seule
autorité du patron opéroit chez les Romains,
la loi de la nature, la loi de l'évangile ne
peut-elle l'opérer parmi nous !

D'après ces principes, la femme séparée
de corps et de biens de son époux, n'auroit pas droit à cette succession ; ce que la
loi nouvelle ne décide pas ; mais c'est la

conséquence de la loi romaine, que le nouveau code adopte en son entier.

Enfin le fisc, le domaine du roi, celui
des seigneurs dans l'ancien régime, la république dans le nouveau, sont les héritiers de droit de ceux qui n'en ont pas ; car
la propriété rentre alors dans la communauté universelle, et appartient à celui ou
ceux qui la représentent.

Aucune de ces trois espèces de successions irrégulières ne donne lieu à la saisine
légale ; car il est nécessaire que ceux qui
les réclament prouvent qu'ils sont dans les
cas qui y donnent ouverture, les bâtards,
la maternité de la défunte dont ils pré-
tendent partager l'hérédité, ou la reconnoissance de leur père naturel ; le mari ou
la femme, qu'il s'est écoulé un délai suf-
fisant pour qu'il n'y ait plus d'espoir qu'il
se présente des héritiers légitimes qui les
excluent ; à plus forte raison, le fisc, la république. Ils ont donc besoin, pour être
saisis, de l'envoi en possession par le juge,
en connoissance de cause.

« Ils doivent demander l'envoi en pos-
» session au tribunal de première instance,
» dans le ressort duquel la succession est

» ouverte; *le tribunal ne peut statuer sur*
» *la demande, qu'après les trois publi-*
» *cations usitées, et après avoir entendu*
» *le commissaire du gouvernement.* » Ibid,
art. 60.

« Les dispositions des articles 60, etc.
» sont communes aux enfans naturels appe-
» lés à défaut de parens. » *Ibid, art.* 63.

Nonobstant ces précautions, ceux qui
ont été envoyés en possession de ces successions irrégulières peuvent être évincés,
si avant l'époque fixée pour la prescription,
des héritiers légitimes plus proches se présentent.

Les enfans naturels, l'époux survivant
étant envoyés en possession sont donc obligés de faire constater, par un *inventaire,*
le montant de l'hérédité, de faire emploi
du mobilier, de donner caution de restituer,
le cas arrivant. *Ibid, art.* 61, 62, 63.

La république n'est pas exempte de partie de ces précautions, telles que l'inventaire et l'emploi des deniers qui doivent être
faits à la requête du ministère public.

« Lorsqu'après l'expiration des délais,
» pour faire inventaire et pour délibérer,
» (dont nous parlerons ci-après) il ne se

» présente personne qui réclame une suc-
» cession, qu'il n'y a point d'héritiers con-
» nus, ou que les héritiers connus y ont
» renoncé, *cette succession est réputée*
» *vacante.* » Ibid, sect. IV, art. 101.

Le tribunal de première instance dans l'arrondissement duquel la succession est ouverte, sur la demande des personnes in-téressées, (c'est-à-dire, des créanciers, de tous ceux qui ont des actions à intenter contre l'hérédité), ou à leur défaut, du ministère public, nomme un curateur, dont les fonc-tions et les devoirs sont de faire procéder à l'inventaire, d'exercer tous les droits ap-partenans à l'hérédité, de répondre à toutes les demandes ; d'administrer, à la charge *de faire verser le numéraire qui se trouve dans la succession, ainsi que les deniers provenans du prix des meubles ou im-meubles vendus, dans la caisse de la régie nationale, pour la conservation des droits et à la charge de rendre compte à qui il appartiendra.* Ibid, art. 102 et 103.

CHAPITRE V.

De l'acceptation et de la répudiation de l'hérédité, et du bénéfice d'inventaire.

Pour mettre de l'ordre dans le grand nombre d'objets que présente ce chapitre, nous exposerons d'abord les principes généraux tels qu'ils subsistoient dans notre ancien droit.

Nous ferons connoître ensuite le petit nombre de changemens que le nouveau code y a faits, et développerons quelques questions sur lesquelles la nouvelle loi fixe la jurisprudence, jusqu'alors incertaine.

§. Ier.

DROIT ANCIEN.

Principes généraux relatifs à l'acceptation et à la répudiation de la succession.

L'effet de la saisine légale dans nos coutumes, ou de l'institution d'héritier dans les pays de droit écrit, étoit, dans notre ancien droit, de donner à celui à qui ce titre étoit déféré par la loi ou par le testament, le droit de se mettre en possession des biens de la succession, d'évincer les tiers-détenteurs, et d'intenter l'action qu'on nomme dans le droit *pétition d'hérédité*, contre ceux qui auroient usurpé ce titre indûment.

Le même titre qui assure à l'héritier les biens de la succession le soumet aux charges résultantes de la qualité de représentant universel du défunt.

Si l'héritier s'est immiscé dans la succession, avant d'en avoir constaté la valeur, s'il a confondu les biens de la succession avec ses biens personnels, ou si, par une acceptation pure et simple de l'hérédité, il peut être censé s'être soumis indistinctement aux charges de l'hérédité, le contrat est formé entre lui, les créanciers et légataires; d'où résultent deux effets de l'acceptation, et de l'immixtion pure et simple dans les biens de la succession, pour nous servir de l'expression des lois.

1°. L'obligation de payer indéfiniment les dettes et les legs qui n'excèdent pas la quotité dont la loi a permis au testateur de disposer. « Il est plus qu'évident, dit la loi

» 28, dig. *de acq. vel omitt. hæred.* que
» l'acceptation de l'hérédité nous oblige au
» paiement des dettes, quand même l'héré-
» dité ne suffiroit pas pour les remplir. »
*Hæreditas quin obliget nos æri alieno,
etiamsi non sit solvendo, plusquam manifestum est. L. 28. dig. de acq. vel omitt.
hæred.*

2°. L'extinction des créances que l'héritier auroit eu le droit d'exercer sur les biens de la succession ; conséquence nécessaire de la confusion des qualités de créancier et de débiteur.

Mais la seule ouverture de la succession n'engage pas, parmi nous, l'héritier qui n'a encore accepté expressément ni tacitement; c'est la règle générale de notre droit coutumier : *Il ne se porte héritier qui ne veut.* art. 316.

Il n'en étoit pas ainsi dans l'ancien droit romain ; car l'abandon de la succession étoit regardé comme un opprobre fait à la mémoire du défunt. Les enfans sous la puissance paternelle, qu'on nommoit par cette raison, *héritiers siens,* étoient nécessités de se soumettre à l'obligation indéfinie d'acquitter les charges de la succession;

même sur leurs biens personnels : ils étoient *héritiers nécessaires*, suivant l'expression des lois.

Le préteur venoit à leur secours, en leur permettant, non de renoncer, mais de *s'abstenir* de l'hérédité. « Les héritiers siens et
» nécessaires, sont le fils, la fille, le petit-
» fils, la petite-fille, nés du fils, (car les
» descendans d'une fille étoient en la puis-
» sance du père ou de l'aïeul maternel), et
» les autres descendans qui furent en la
» puissance du défunt..... Ils sont nommés
» *héritiers siens*, parce qu'ils sont héritiers
» domestiques, (s'il est permis de parler
» ainsi) *réputés propriétaires de l'héré-*
» *dité, du vivant même de leur père.....*
» Ils sont dit *nécessaires*, parce que la loi
» des douze tables les investit de la succes-
» sion, soit *ab intestat*, ou testamentaire,
» soit qu'ils le veuillent ou ne le veuillent
» pas; mais le préteur leur permet de *s'abs-*
» *tenir* volontairement de l'hérédité, afin
» que pareillement les créanciers de la suc-
» cession soient envoyés en possession de
» ces mêmes biens, plutôt comme apparte-
» nant au père, leur débiteur, qu'à eux-
» mêmes. »

Sui autem et necessarii hæredes sunt, veluti filius, filia, nepos vel neptis ex filio, et deinceps cæteri liberi, qui in potestate morientis modo fuerint....... Sed sui quidem hæredes ideo appellantur quia domestici hæredes sunt, et VIVO QUOQUE PATRE QUODAM MODO DOMINI EXISTIMANTUR... *Necessarii viro ideo dicuntur, quia omnino, sive velint, sive nolint, tam ab intestato, quam ex testamento, ex lege duodecim tabularum hæredes fiunt; sed prætor permittit volentibus abstinere ab hæreditate : ut potius parentis quam ipsorum bona similiter à creditoribus possideantur.* Inst. de hæred. qual. et diff. §. 2.

Notre droit coutumier n'admettoit ni la puissance paternelle du droit romain, ni ses conséquences; et cependant les rédacteurs de nos coutumes, imbus des principes du droit romain, en ont souvent conservé les expressions; c'est ce qu'on observera dans plusieurs articles de notre coutume.

L'opinion qui infligeoit un déshonneur à la mémoire du défunt dont la succession étoit abandonnée, étoit un frein au luxe et aux dissipations immodérées; mais par l'une de ces inconséquences si ordinaires dans les établissemens humains, la loi romaine autorisoit le testateur qui doutoit des forces de la succession, à s'assurer d'un héritier nécessaire dans la personne d'un esclave qu'il affranchissoit. *Inst. de hæred. inst. in principio.*

L'acceptation pure et simple de la succession, la seule connue dans l'ancien droit, produisant les effets que nous avons décrits, il étoit juste d'accorder à ceux qui n'étoient pas héritiers siens ou nécessaires, un délai pour délibérer sur le parti qu'ils avoient à prendre.

Ce délai étoit et est encore indéfini, si aucun créancier ou légataire ne réclame l'autorité de la loi pour contraindre l'héritier à prendre qualité; car la demande en pétition d'hérédité, comme toute action personnelle, ne se prescrivoit que par trente ans; mais, dans l'ancien droit, lorsque les créanciers ou les légataires intentoient leur action contre l'héritier, le délai pour délibérer restoit à l'arbitrage du juge qui le fixoit modérément, suivant les circonstances : *L. 9. C. de Jur. del.* Le mineur avoit droit, comme aujourd'hui, de se faire restituer contre les acceptations qu'il auroit faites de successions onéreuses (1), et contre les renonciations indiscrètes à des successions en apparence avantageuses (2); car le mineur jouissoit du bénéfice de la restitution toutes les fois qu'il étoit lésé.

Ce privilége avoit été étendu par Adrien aux majeurs, lorsqu'ayant accepté une succession qu'ils avoient lieu de regarder comme avantageuse, elle se trouvoit absorbée par des dettes inconnues lors de l'ouverture de la succession. Le bénéfice de la restitution en entier fut restreint par Gordien aux soldats qui avoient accepté pendant le cours d'une expédition militaire.

Justinien établit enfin, par la loi *Scimus*, 22. *C. de Jure deliberandi*, un droit nouveau plus équitable et plus simple, en permettant à tous les héritiers testamentaires ou légitimes, de séparer les biens de la succession de leurs biens personnels lorsqu'ils auroient constaté la valeur de l'hérédité, par une description exácte et entière. Le même empereur donna trois mois à l'héritier, à compter de l'ouverture de la succes-

-----

(1) L. 7. dig. *de min.*
(2) L. 2. *Si omissâ hæred.*

sion, pour faire inventaire, et quarante jours après les trois mois, pour délibérer, ce qui s'entendoit, comme il a été dit, si les créanciers ou les légataires le forçoient de prendre qualité. C'est ce droit qu'on nommoit *bénéfice d'inventaire,* dont nous traiterons ci-après. Ces règles étoient adoptées par nos ordonnances. *Voyez* le tit. VII de l'ordonnance de 1667, *des délais pour délibérer.* Réunissons quelques dispositions de notre coutume.

I.

Tout héritier peut renoncer à la succession qui lui est déférée, pourvu qu'il ne l'ait acceptée, ni expressément, ni tacitement par l'immixtion.

Il ne se porte héritier qui ne veut. *Art.* 316.

N'est dû droit de relief pour la renonciation faite par aucuns des enfans à l'hérédité de leur père, mère, aïeul ou aïeule. *Art.* 6.

Quand lesdits père et mère ayant fiefs et héritages tenus noblement, vont de vie à trépas, délaissés seulement deux enfans *venans à leur succession..... Art* 15.

S'il y a plusieurs enfans excédans le nombre de deux *venans à la succession.....* Art. 16.

Les enfans *venans à la succession de père ou mère.....* Art. 304.

Pareillement *ce qui a été donné aux enfans de ceux qui sont héritiers et viennent à la succession de leur père, mère ou autres ascendans.....* Art. 306.

Néanmoins où celui auquel on auroit donné se voudroit tenir à son don, faire le peut, *en s'abstenant de l'hérédité.....* Art. 307.

L'enfant ayant survécu ses père et mère, *et venant à la succession de ses aïeul et aïeule* survivans lesdits père et mère, encore qu'il *renonce à la succession de sesdits père et mère.* Art. 308.

Le droit et part de l'enfant qui *s'abstient et renonce à la succession de ses père ou mère* accroît aux autres enfans héritiers..... *Art.* 310.

II.

Deux effets de l'acceptation expresse, et de l'acceptation tacite par l'immixtion.

1°. Obligation de payer les dettes;
2°. Confusion de ses créances.

..... Si aucun *prend et appréhende les biens du défunt, ou partie d'iceux quelle qu'elle soit,* SANS AVOIR AUTRE QUALITÉ DE PRENDRE LESDITS BIENS OU PARTIE, *il fait acte d'héritier et s'oblige, en ce faisant, à payer les dettes du défunt, et supposé qu'il lui fût dû aucune chose par le défunt, il le doit demander et se pourvoir par justice ; autrement, s'il le prend de son autorité, il fait acte d'héritier.* Art. 317.

N. B. La confusion des créances de l'héritier pur et simple, est la conséquence de l'obligation de payer indéfiniment les dettes de la succession. Que serviroit en effet à l'héritier chargé d'une telle obligation, de faire usage de la priorité de ses hypothèques, ou du privilege de ses créances, puisqu'il seroit obligé de remplacer, sur ses biens personnels, ce qu'il enlèveroit aux créanciers ?

III.

Curateur aux biens vacáns, nommé par la justice, contre lequel les créanciers et les légataires exercent leurs droits, en cas de renonciation de tous les héritiers. *Voyez ci-dessus.*

Rapprochons toutefois quelques articles de notre coutume qui en font mention.

Un héritage propre *adjugé sur le curateur aux biens vacans ou sur l'héritier* par *bénéfice d'inventaire,* est sujet à retrait. *Art* 151.

L'héritier par bénéfice d'inventaire, ou *curateur aux biens vacans d'un défunt* ne peut vendre les meubles de la succession ou curatelle, sinon en faisant publier la vente, devant la principale porte de l'église de la paroisse où le défunt demeuroit, à l'issue de la messe paroissiale, et délaissant une affiche contre la porte de la maison du défunt. *Art.* 344.

N. B. La publication aux prônes des paroisses étoit tombée en désuétude; mais l'usage de faire vendre les meubles de la succession bénéficiaire sur affiches par autorité de justice, à la chaleur des enchères, subsistoit et subsiste encore ; l'héritier bénéficiaire qui les vendroit à l'amiable, sans ces précautions, seroit tenu, non-seulement de compter de la prisée de l'inventaire avec la crue, c'est-à-dire, le quart en sus, suivant notre ancien droit ; mais il s'exposeroit à être réputé héritier pur et simple, si les créanciers prouvoient que la prisée de l'inventaire a été frauduleuse.

Du bénéfice d'inventaire, considéré dans notre ancien droit.

Le droit que la loi *Scimus C. 22 de jure delib.* accorde à l'héritier qui a fait constater, par un inventaire, les forces de la succession, de séparer les biens de cette succession de ses biens personnels, est la conséquence de tout ce qui vient d'être dit ; les biens de la succession sont le gage direct des créanciers de l'hérédité ; les créanciers n'ont de droit sur ceux de l'héritier que par l'effet de l'engagement résultant de l'acceptation pure et simple, de la confusion opérée par le défaut d'inventaire.

C'est donc improprement qu'on nomme *bénéfice*, le droit accordé à l'héritier de se décharger envers les créanciers de la succession, en représentant le montant de l'inventaire, avec les fruits ou les intérêts dont elle s'est accrue depuis son ouverture, ce qu'on appelle rendre *compte du bénéfice d'inventaire.*

Cependant les subtilités de l'ancien droit romain, consignées dans le code Théodosien, seul connu en France jusqu'en l'année 1137, avoient jeté de si profondes racines parmi nous, que le droit d'accepter la succession par bénéfice d'inventaire ne s'exerçoit dans nos coutumes qu'en vertu de lettres du prince, lettres de droit à la vérité, qui se scelloient dans les chancelleries près les cours, et n'étoient refusées à personne; mais qui prouvoient la fausse idée que les praticiens s'étoient formée du droit établi par la loi de Justinien.

C'est à cette erreur que tenoit l'usage abusif d'obliger l'héritier bénéficier de renoncer à la succession, avant de rendre le compte du bénéfice d'inventaire; comme si le titre d'héritier une fois accepté étoit sujet à révocation : *qui semel est hœres numquam potest desinere esse hœres.* « Le » titre d'héritier est indélébile, (disent les » jurisconsultes); celui qui l'a été un instant, ne peut jamais cesser de l'être. »

L'héritier bénéficiaire a donc qualité, même après avoir rendu son compte, pour jouir de tout ce qu'il découvre faire partie de la succession, à la charge de payer les dettes jusqu'à due concurrence.

L'inventaire que les lois exigent de l'héritier qui veut user du droit établi par la loi, est une description solennelle des forces de la succession. Cette description doit donc être authentique, faite par la justice ou devant notaires, en présence des parties inté-ressées, c'est-à-dire, en présence des co-héritiers de celui qui la provoque, des créanciers dont le droit est connu par leurs oppositions au scellé, ou eux dûment appe-lés, des légataires qui ont formé la demande en délivrance, enfin du ministère public, s'il y a des absens ou des mineurs.

On n'exigeoit pas, dans notre ancien droit, la nomination d'un subrogé tuteur aux mineurs, ni la formalité de la clôture prescrite par les art. 240 et 241 de notre coutume, pour la dissolution de la communauté conjugale entre le survivant de deux conjoints par mariage et ses enfans mineurs ; les créanciers, les autres parties intéressées, le ministère public, pour les absens, étoient, dans tous autres cas que celui auquel s'appliquoient ces articles, les contradicteurs naturels de l'inventaire; la peine d'être réputé héritier pur et simple, étoit regardée comme assez rigoureuse pour que l'on ne crût pas devoir prendre d'autres précautions.

Ce n'est pas faire connoître les forces d'une succession, que d'en donner une description inexacte. L'effet des recélés et divertissemens, et de toutes les omissions assez caractérisées pour être considérées comme une preuve de fraude, est donc d'anéantir l'inventaire, de faire réputer celui qui a commis cette fraude héritier pur et simple, de l'engager indéfiniment aux dettes de la succession.

C'est pour éviter tout soupçon de fraude qu'on réquiert le magistrat de se transporter dans la maison du défunt, à l'instant même du décès, et d'apposer le scellé, c'est-à-dire, le sceau de la justice, sur les effets de la succession. Les créanciers pouvoient et peuvent encore exiger ce scellé pour assurer leur gage; il est du devoir du ministère public de le requérir lorsqu'il y a des absens; hors ces deux cas, l'apposition du scellé n'étant prescrite par aucune loi, n'étoit pas nécessaire à la validité de l'inventaire.

Le scellé apposé par la justice tenoit lieu de saisie ; il donnoit ouverture aux oppositions des créanciers ; on établissoit un gardien pour veiller à sa conservation ; il ne pouvoit être levé sans appeler les opposans ; tels étoient les principes les plus généraux de cette matière.

Montrons-les, dans quelques articles de notre coutume, pour passer ensuite au nouveau code civil.

IV.

Exclusion, dans notre ancien droit, en ligne collatérale, de l'héritier bénéficiaire, par l'héritier pur et simple.

L'héritier *en ligne directe,* qui se porte héritier par bénéfice d'inventaire, n'est exclu par autre parent qui se porte héritier pur et simple. *Art.* 342.

Le mineur qui se porte héritier pur et simple, ne peut exclure l'héritier par bénéfice d'inventaire, qui est plus proche en degré. *Art.* 343.

N. B. La coutume de Paris n'avoit prononcé, par aucune disposition expresse, l'exclusion de l'héritier bénéficiaire, par le parent plus éloigné qui se portoit héritier pur et simple; et cependant cette exclusion, qui étoit le droit commun de nos coutumes, s'induisoit des deux articles ci-dessus. La faveur des créanciers et des légataires faisoit donc prévaloir la qualité d'héritier pur et simple sur la proximité de degré, nonobstant la règle, « le mort saisit le vif, *son hoir plus proche habile à succéder.* » Art. 318. Mais 1°. cette préférence n'avoit lieu qu'en ligne collatérale; 2°. entre majeurs; car le mineur en degré plus éloigné, acceptant purement et simplement, même par avis de parens, n'eût pas donné aux créanciers et légataires une sûreté plus grande que celle qui eût résulté du titre d'héritier bénéficiaire, puisqu'il conservoit le droit de se faire restituer contre son acceptation, s'il étoit lésé.

V.

Formalités prescrites par la coutume, pour la vente des meubles de la succession bénéficiaire.

Voyez l'art. 344 ci-dessus, et la note sur cet article.

§. II.

DROIT NOUVEAU.

I.

« Nul n'est tenu d'accepter une succession
» qui lui est échue. » *Code civil*, ibid,
chap. V, art. 65.

C'est le principe posé par l'article 316 de
la coutume de Paris : *N'est héritier qui ne
veut.*

Ainsi, point *d'héritiers nécessaires* dans
notre droit français, comme dans le droit
romain, notamment dans la succession testamentaire, par une suite du déshonneur
que le préjugé de ce peuple despotique
attachoit à l'abandon des dernières volontés
du défunt.

II.

Par une conséquence du même principe :
« La renonciation à une succession ne se
» présume pas ; elle ne peut être faite qu'au
» greffe du tribunal de première instance,
» dans l'arrondissement duquel la succes-
» sion s'est ouverte, sur un registre tenu à
» cet effet. » *Ibid, sect. II, art.* 74.

III.

« L'effet de l'acceptation remonte au jour
» de l'ouverture de la succession. » *Ibid,*
sect. Ire; art. 67.

« Toute hérédité, en quelque temps qu'elle
» soit acceptée, se reporte au temps de la
» mort, sans discontinuation. »

Omnis hæreditas quamvis postea adea-
tur, tamen cum tempore mortis continua-
tur. L. 138. *dig. de reg. jur.*

« L'héritier qui renonce est censé n'avoir
» jamais hérité. »

Sa part accroît à ses cohéritiers ; *s'il est*
seul, elle est dévolue au degré subséquent.
Ibid, sect. II, art 75 et 76.

N. B. C'est la conséquence de la règle ; *le mort*
saisit le vif, son hoir plus proche, habile à lui
succéder.

II.

Quelque intervalle que vous supposiez
entre l'ouverture de la succession et l'acceptation ou la renonciation de celui qui
étoit appelé par la loi ou par le testament
à la recueillir, le curateur à la succession
vacante qui a joui pendant cet intervalle,
à la charge de rendre compte à celui

qui, appelé par la loi, s'est fait envoyer en possession, ignorant qu'un testament le dépouilloit; celui qui, dans la succession légitime, en degré plus éloigné, a pris la même précaution, ignorant qu'un héritier plus proche l'excluoit; celui qui, en degré plus proche, n'ayant pas pris de qualité, se décide enfin à renoncer, ne sont censés que les représentans de l'individu appelé par la loi ou par le testament, sur la tête duquel les biens du défunt ont passé de la génération présente à la génération future; caractère essentiel de toute succession légitime et testamentaire.

I V.

Une hérédité déférée par le testament ou par la loi n'est pas toujours un bénéfice; elle peut être une charge très-onéreuse, si elle a été acceptée purement et simplement, par l'effet de la confusion des biens personnels de l'héritier avec ceux de la succession, qui l'exclut de répéter les créances qu'il pourroit avoir sur l'hérédité, et l'assu-

jétit aux dettes, même au-delà de l'é-
molument. Acceptée, même sous bénéfice d'inventaire, elle ne sera peut-être
qu'une source d'embarras et de procès ;
dans tous les cas, il se forme par l'acceptation de l'hérédité un contrat judiciaire entre l'héritier acceptant et les
créanciers ou ayant droit sur la succession. Il n'y a donc que ceux qui sont
capables de contracter qui puissent
accepter valablement une succession.

Tous ces principes de notre ancien droit
sont reconnus par le nouveau code.

« Une succession peut être acceptée pure-
» ment ou simplement, ou sous bénéfice
» d'inventaire. » *Ibid, sect. Ire, art.* 64.

« Les femmes mariées ne peuvent vala-
» blement accepter une succession, *sans*
» *l'autorisation de leur mari, ou de jus-*
» *tice,* conformément à la loi sur *les droits*
» *et devoirs des époux.* » Voyez ci-dessus,
tome Ier. *Ibid, art.* 66.

« Les successions échues aux mineurs et
» aux interdits ne pourront être valable-
» ment acceptées, que conformément aux

» dispositions des lois *sur les tutelles.* »
Voyez ci-dessus, tome Ier.

N. B. Une différence remarquable entre notre
ancien droit et le nouveau code.

Dans notre ancien droit, le mineur, l'interdit
étoient restituables dans les dix ans de leur majorité,
toutes les fois qu'ils étoient lésés. Ainsi les acceptations qu'ils auroient faites, même en justice, sous
l'autorité de leurs tuteurs ou curateurs, n'étoient que
provisoires, sauf à être réformées à la majorité.

Le nouveau code prescrivant des formalités plus
rigoureuses, a détruit cette incertitude.

« La donation faite au mineur (à plus
» forte raison, les successions ouvertes en
» sa faveur) ne pourra être acceptée par le
» tuteur, qu'avec l'autorisation du conseil
» de famille.

» *Elle aura, à l'égard du mineur, le*
» *même effet qu'à l'égard du majeur.* »
Loi sur les tutelles, chap. II, sect. VIII,
art. 457. *Voyez ci-dessus, titre* des Personnes.

Or, le majeur n'est restituable, par le
nouveau droit, qu'en cas de dol : « Il ne
» peut jamais réclamer, sous prétexte de
» lésion, *excepté seulement dans le cas*
» *où la succession se trouveroit absorbée*

» ou diminuée de plus de moitié par la
» découverte d'un testament inconnu au
» moment de l'acceptation. » Code civil,
ibid, sect. 1re. art. 73.

*Si, major 25 annis, hœreditatem fratris
tui repudiasti, nulla facultas ejus ad-
eundæ tibi datur.* L. 1. C. *de dolo.*

« Si, majeur de 25 ans, (aujourd'hui 21)
» tu as répudié l'hérédité de ton frère, il
» ne te reste aucun moyen d'y revenir. »

Il n'en est pas de même de la renonciation
que de l'acceptation.

Par l'acceptation, le contrat est formé
avec les créanciers et tous ceux qui ont des
droits à exercer sur la succession; par la
renonciation, il ne l'est qu'autant que des
cohéritiers, des héritiers plus éloignés en
degré, ou des tiers, ont été mis en possession des biens abandonnés.

« Tant que la prescription du droit d'ac-
» cepter n'est pas acquise contre les héri-
» tiers qui ont renoncé, ils ont la faculté
» d'accepter encore la succession, si elle
» n'a pas été acceptée par d'autres héritiers;
» *sans préjudice néanmoins des droits qui*
» *peuvent être acquis à des tiers sur les*
» *biens de la succession, soit par pres-*

« cription, soit par actes valablement
» faits avec le curateur à la succession
» vacante. » Code civil, *ibid*, section II,
art. 80.

V.

Deux espèces d'acceptation, expresse
et tacite.

« L'acceptation peut être *expresse* ou
» *tacite*.
» Elle est expresse, quand on prend le
» titre ou la qualité d'héritier *dans un acte*
» *authentique ou privé*.
» Elle est tacite, quand l'héritier *fait un*
» *acte qui suppose nécessairement inten-*
» *tion d'accepter*, et qu'il n'auroit droit
» de faire qu'en sa qualité d'héritier. » *Code*
civil, ibid, art. 68.
« On doit juger, dit le jurisconsulte Vul-
» pian, que celui-là fait acte d'héritier,
» qui reçoit ce qu'il ne pourroit recevoir,
» s'il n'étoit héritier. »
Tunc pro hærede geri dicendum esse
aït (Vulpianus) quoties accipit quod citrà
jus et nomen hæredis accipere non po-
terat. L. 20. §. 4. dig. *de adq. vel omitt.*
hæred.

Voyez ci-dessus, l'art. 317 de la coutume de Paris.

V I.

Toute acceptation tacite est nécessairement pure et simple.

Application de ce principe à quelques exemples.

Si, dans le temps que la loi accorde à l'héritier, soit légitime ou testamentaire, pour délibérer, ou même avant d'être forcé de prendre qualité, comme nous l'expliquerons dans un moment, il a fait vendre des fruits récoltés qui dépérissoient, s'il a pourvu à des réparations urgentes, interrompu une prescription prête à écheoir, fait en un mot des actes administratifs, sera-t-il censé avoir accepté, soit expressément, soit tacitement ? — Non, répond le nouveau code, d'après les lois romaines, s'il n'a pris d'autre qualité que celle *d'habile à se dire et porter héritier*, comme parlent les praticiens ; car cette qualité renferme une réserve du droit de renoncer par la suite, s'il le croit nécessaire à ses intérêts.

« Les actes purement conservatoires, de
» surveillance et d'administration provi-
» soire, ne sont pas des actes d'addition
» d'hérédité, *si l'on n'a pas pris le titre*
» *ou qualité d'héritier.* » Ibid, art. 69.

« S'il existe dans la succession des objets
» propres à dépérir, ou dispendieux à con-
» server, l'héritier peut, en sa qualité *d'ha-*
» *bile à succéder,* et sans qu'on puisse en
» induire de sa part une acceptation, *se*
» *faire autoriser par justice* à la vente de
» ces effets.

» Cette vente doit être faite par un offi-
» cier public, après affiches et publications
» réglées par le code de la procédure civile.»
Ibid, sect. III, art. 86.

Il n'en seroit pas ainsi si l'héritier avoit
renoncé, *même gratuitement,* au profit d'un
tiers, s'il avoit vendu ou transporté, soit
à ses cohéritiers, soit à un étranger, ses
droits successifs, etc. etc.; car pour donner,
pour vendre, pour transporter, il faut être
propriétaire.

« Celui-là est réputé se conduire en hé-
» ritier, qui use des choses de la succession
» comme l'héritier pourroit le faire, soit
» en vendant les choses de la succession,

» soit en cultivant ses domaines, ou les
» affermant, de quelque manière qu'il dé-
» clare sa volonté d'être héritier, soit par
» le fait ou par les paroles, pourvu qu'il
» sache que celui dont il dispose ainsi de
» la fortune, est décédé, soit après avoir
» testé, soit *intestat*, et qu'il est son hé-
» ritier. »

*Pro hærede autem gerere quis videtur,
si rebus hæreditariis tanquam hæres uta-
tur, vel vendendo res hæreditarias, vel
prædia colendo, locandove, et quocum-
que modo voluntatem suam declaret, vel
re vel verbo, de adeundá hæreditate:
dum modo sciat, eum, in cujus bonis pro
hærede gerit, testatum vel intestatum
obiisse, et se hæredem esse. Inst. de hær.
qual. et diff. §. 7.*

« Celui-là fait acte d'héritier, de l'acte
» duquel résulte la reconnoissance de la
» qualité d'héritier, quoiqu'il ne participe
» en rien à l'hérédité..... »

*Gerit pro hærede qui animo agnoscit
successionem, licet nihil attinguat hære-
ditarium. L. 88. dig. de acq. vel omitt.
hæred.*

« La donation, vente ou transport que

» fait de ses droits successifs un des co-
» héritiers, soit à un étranger, soit à tous
» ses cohéritiers, soit à quelques – uns
» d'eux, emporte, de sa part, acceptation
» de la succession.

» Il en est de même, 1°. de la renonciation
» *même gratuite* que fait un des héritiers
» *au profit de l'un de ses cohéritiers ;*

» 2°. De la renonciation qu'il fait *au pro-*
» *fit de tous ses cohéritiers indistincte-*
» *ment, lorsqu'il reçoit le prix de sa re-*
» *nonciation.* » Code civil, *ibid,* art. 70.

N. B. La distinction de ces deux espèces.

La renonciation au profit d'un seul ou de plusieurs cohéritiers, *même gratuite*, est un acte d'héritier ; car il faut être copropriétaire, pour gratifier l'un de ses associés au préjudice des autres.

La renonciation au profit de tous, ne renferme addition de l'hérédité, *qu'autant qu'elle a été ache-tée ;* car il est de la nature de la renonciation à une succession, d'accroître à tous ceux qui sont appelés à la partager.

VII.

Des créanciers exerçant les droits de leur débiteur dans l'acceptation d'une succession à laquelle il a renoncé.

« Les créanciers de celui qui renonce au

» préjudice de leurs droits, peuvent se
» faire autoriser en justice à accepter la
» succession du chef de leur débiteur, et
» en son lieu et place..... » *Code civil,
ibid , art.* 78.

N. B. C'est la conséquence du principe établi par
la loi Ire. dig. *quæ in fraud. cred.* §. 2.

« Tout ce qui a été fait par le débiteur
» au préjudice de ses créanciers, est ré-
» voqué. »

*Quodcumque fraudis causâ factum est, vi-
detur his verbis (edicti prætoris) revocari.*

Mais le débiteur infidèle ne doit pas profiter de sa fraude.

« Dans ce cas, la renonciation n'est an-
» nullée qu'en faveur des créanciers, et
» jusqu'à concurrence seulement de leurs
» créances ; elle ne l'est pas au profit de
» l'héritier qui a renoncé. » *Ibid.*

VIII.

De la société qui se forme sans convention entre les cohéritiers d'une même
succession, et de ses effets dans la séparation de patrimoines.

« Lorsque celui à qui une succession est

» échue, est décédé *sans l'avoir répudiée*
» *ou acceptée expressément ou tacite-*
» *ment*, ses héritiers peuvent l'accepter ou
» la répudier de son chef. » *Code civil, ibid,*
sect. I, art. 71.

Car ils sont « ses successeurs dans tous
» ses droits et dans toutes ses obligations. »
Successor in omne jus et causam de-
functi.

S'ils acceptoient purement et simplement
la succession, les deux hérédités seroient
confondues, non quant aux droits des créanciers ; car chacun d'eux auroit privilége sur
l'hérédité de son débiteur ; c'est ce qu'on
nomme la *séparation des patrimoines,* dont
nous parlerons plus amplement ci-après,
plus ou moins restreinte dans notre ancien
droit, par la jurisprudence des parlemens,
pleine et entière au parlement de Paris,
quant à l'obligation d'acquitter subsidiairement sur les biens de la première succession, et même sur les biens personnels
de l'héritier, s'il est héritier pur et simple,
les dettes qui n'auroient pu l'être sur l'hérédité qui en étoit directement chargée.

L'indivision subsistante jusqu'au partage
de l'une et de l'autre succession forme entre

les héritiers une sorte de société « sans con-
» vention, mais résultante de la chose même:»
*Hos conjunxit ad societatem, non consen-
sus, sed res.* L. 25. §. 16. *in fine* dig. *fam.
ercisc.* Il est donc nécessaire qu'ils déli-
bèrent, s'ils ne sont pas d'accord ; ce que
notre ancien droit avoit laissé à l'arbitrage
du juge, la nouvelle loi le décide :

« Si ces héritiers ne sont pas d'accord
» pour accepter ou répudier la succession,
» elle doit être acceptée sous bénéfice d'in-
» ventaire. » *Ibid, art.* 72.

Et par ce moyen, la séparation des patrimoines subsistera dans toute son intégrité;
les créanciers de chacune des successions
exerceront leurs droits sur l'hérédité qui
leur est affectée, sans recours sur l'autre,
ni sur les biens personnels de ceux à qui
elle est dévolue.

I X.

De la renonciation à la succession
d'un homme vivant abolie, même dans
le contrat de mariage.

La renonciation à une succession qui
n'est pas échue, est nulle par sa nature.

« Comment renoncer à ce que vous ne
» pourriez obtenir, quand vous le vou-
» driez ? »

*Quod quis, si velit, habere non potest,
repudiare non potest.* L. 174. dig. *de regu-
lis juris.*

Les lois romaines la rejetoient, même
quand elle étoit stipulée par contrat de
mariage.

« Un père a stipulé comme condition de
» la dot qu'il donnoit à sa fille, par son
» contrat de mariage, qu'elle n'auroit rïen
» de plus à prétendre dans sa succession ; il
» est constant, dit le célèbre Papinien,
» qu'une telle stipulation ne change rien
» à l'ordre de la succession ; car les con-
» ventions privées ne peuvent contreba-
» lancer l'autorité des lois. »

*Pater instrumento dotali comprehendit
filiam ita dotem accipisse, ut ne quid aliud
ex hæreditate patris speraret : eam scrip-
turam jus hæreditatis non mutasse cons-
titit : privatorum enim cautionem legum
autoritate non censeri.* L. ult. dig. *de suis
et leg. hæred.*

« Il a été stipulé dans un contrat de ma-
» riage que la fille mariée, satisfaite de sa

» dot, ne prétendroit rien au delà dans la
» succession de son père ; une telle conven‑
» tion est nulle, et ne peut servir de pré‑
» texte pour repousser la renonçante de la
» succession de son père, mort intestat ;
» mais elle sera tenue, en venant à la suc‑
» cession, de rapporter la dot qu'elle a
» reçue, pour être comprise dans l'héré‑
» dité à partager avec ses frères demeurés
» sous la puissance paternelle. »

*Pactum dotali instrumento comprehen‑
sum, ut contentâ dote quæ in matrimo‑
nium collocabitur nullum ad bona paterna
regressum haberet, juris autoritate impro‑
batur, nec intestato patri succedere pro‑
hibetur. Dotem sanè quam accepit fratri‑
bus qui in potestate manserunt conferre
debet. L. 3. C. de collationibus.*

Et cependant, malgré des lois si précises,
on regardoit, dans les pays de droit écrit
même, comme si favorables les renoncia‑
tions à succession future de la part des fe‑
melles au profit des mâles, moyennant une
dot fournie (car ces deux conditions étoient
requises), que si le même instrument dotal
portoit renonciation à l'hérédité échue du
prédécédé, et renonciation à la succession

future du survivant, et que le père ou la mère dotateurs eussent eu soin de distinguer la portion de la dot représentative de l'une et de l'autre succession, *la fille mineure* étoit restituable, pour cause de lésion, contre sa renonciation à la succession échue; non contre celle à la succession future. *Voyez les inst. d'Argou, liv. III, ch.* 17.

C'est un forfait, disoit-on : comme si un pareil traité sur des droits éventuels à l'hérédité des personnes qui nous sont les plus chères, n'étoit pas et contre la raison et contre les bonnes mœurs ; comme si la fille mineure, contractant sous l'autorité des auteurs de ses jours, dans l'acte le plus solennel de la société, attendu quelquefois avec impatience, avoit assez de liberté d'esprit pour se livrer à de telles spéculations !

Qui croiroit que ce droit étrange eût pris naissance parmi nous du droit canonique, dans ces temps d'ignorance et de superstition pendant lesquelles la puissance ecclésiastique, sous prétexte de connoître du péché, de la violation du serment, attiroit à elle toutes les contestations civiles; d'une décrétale de ce cardinal Cayetan (le fougueux Boniface VIII) au sein même de ses dissensions avec Philippe-le-Bel, insérée dans le Sexte ; cette compilation repoussée si puissamment par l'Université de Paris, à qui ce pape l'avoit adressée !

« Quoique la loi civile, dit ce pape,
» improuve le pacte fait par un père avec
» sa fille en la mariant, portant que, satis-
» faite de sa dot, elle n'auroit aucun recours
» sur les biens de la succession de son père,
» si cependant elle l'a confirmée par la reli-
» gion du serment, sans qu'on ait employé
» ni la violence ni le dol pour l'y engager,
» il doit être observé, puisqu'il n'a rien
» qui compromette le salut de celle qui l'a
» prêté, et qu'il ne porte point préjudice à
» un tiers. »

Quamvis pactum patri factum à filiâ, cum nuptiis tradebatur, ut dote contentâ, nullum ad bona paterna regressum habe-ret, improbet lex civilis, si tamen juramento, non vi, nec dolo præstito, firmatum fuerit ab eadem ; omnino servari debebit ; cum non vergat ad æternæ salutis dispendium, nec redundet in alterius detrimentum. Decret QUAMVIS, *T. de pactis, in sexto.*

Quel labyrinthe nos coutumes ont tracé sur ce canevas !

Ici la renonciation est suppléée de droit en faveur des mâles.

Là il n'est pas même permis aux auteurs de leurs jours de les rappeler, s'ils ne s'en sont réservé expressément la faculté par le contrat de mariage.

Celles-ci exigent que les père ou mère aient fourni une dot ; celles-là excluent les femelles, quand elles n'auroient reçu *qu'un chapeau de roses*, pour nous servir de l'expression de ces coutumes.

Les unes leur permettent de renoncer, sans rejeter toutefois les demandes en supplément de légitime.

Les autres portent expressément qu'elles ne pourront demander de supplément.

Quelques-unes se contentent d'autoriser les renonciations à successions futures ; d'autres, telles que la coutume de Paris, n'en parlent pas.

Dans les unes et dans les autres, le droit commun prévaut, moyennant une dot fournie.

Toutes ces dispositions convenoient à un ordre de choses qui tendoit à favoriser les mâles, comme seuls capables de soutenir la splendeur d'un nom illustre.

Le nouveau code tarit cette source de procès, en se référant aux dispositions de la loi romaine.

« On ne peut, *même par contrat de* » *mariage*, renoncer à la succession d'un » *homme vivant*, ni aliéner les droits éven- » tuels qu'on peut avoir à cette succession. » *Code civil, ibid, sect. II, art.* 81.

X.

Du droit de délibérer, et du bénéfice d'inventaire.

Les délais accordés à l'héritier pour faire inventaire, sont les mêmes dans le nouveau droit que dans l'ancien.

« L'héritier a trois mois pour faire inven- » taire, à compter *du jour de l'ouverture* » *de la succession.*

» Il a de plus, pour délibérer sur son » acceptation, ou sur sa renonciation, un » délai de quarante jours, *qui commence* » *à courir du jour de l'expiration des trois* » *mois donnés pour l'inventaire, ou du* » *jour de la clôture de l'inventaire, s'il a*

» *été terminé avant les trois mois.* » Ibid,
art. 85.

Pendant le délai accordé par la loi, l'héritier ne peut être tenu de prendre qualité, et
les frais par lui faits sont à la charge de la
succession. *Ibid, art.* 87

La loi laisse à l'arbitrage du juge de pro-
roger le délai s'il est insuffisant; et dans
ce cas, les frais auxquels a donné lieu la
prorogation, sont également à la charge de
la succession. S'il succombe, et n'obtient pas
de prorogation de délai, il est condamné
aux dépens. *Ibid, art.* 88 *et* 89.

Le délai fixé par la loi, ou prorogé par
le juge, n'est fatal qu'autant que l'héritier
est assigné par ses cohéritiers, par des créanciers, ou par tout autre qui y ait intérêt,
pour prendre qualité.

Ce qui n'étoit établi que par une jurisprudence constante, dans notre ancien droit,
l'est par une loi précise du nouveau code.

« La faculté d'accepter ou de répudier la
» succession, se prescrit par le laps de temps
» requis *pour la prescription la plus longue*
» *des droits immobiliers.* » Ibid, sect. II,
art 79.

Sur le droit accordé à l'héritier qui a

renoncé d'accepter postérieurement l'hérédité dont personne n'est en possession. *Voyez ci-dessus*, n°. IV.

« L'héritier conserve, (même après l'expiration des délais ci-dessus) la faculté de faire inventaire et de se porter héritier bénéficiaire, *s'il n'a fait d'ailleurs acte d'héritier, ou s'il n'existe contre lui de jugement passé en force de chose jugée,* (c'est-à-dire, non sujet à l'appel) *qui le condamne en qualité d'héritier pur et simple.* » Ibid, art. 90.

XI.

Des effets du bénéfice d'inventaire ; des obligations de l'héritier bénéficiaire, et des recélés et divertissemens.

Les effets du bénéfice d'inventaire sont les mêmes dans le droit nouveau et dans le droit ancien, de séparer tellement les biens de l'hérédité de ceux de l'héritier : 1°. qu'il se décharge du paiement des dettes de la succession en la représentant dans son intégrité aux créanciers et ayant droit sur cette succession ; 2°. qu'il conserve lui-même, sans confusion, sur cette succession, les créances et droits qui lui appartiennent. *Code civil, ibid, art.* 92.

Sous ce point de vue, le bénéfice d'inventaire n'est pas une grâce, mais un droit, puisqu'il assure à chacun ce qui lui appartient, sans autre privilége que celui qui résulte de la distinction de patrimoines.

L'héritier bénéficiaire conserve la propriété intégrale de ses biens personnels ; il n'est qu'administrateur de ceux de la succession, tant qu'elle n'est pas liquidée.

Il suffit, pour l'exercice d'un tel droit, 1°. de déclarer au greffe du tribunal de première instance dans l'arrondissement duquel la succession est ouverte, qu'on entend accepter l'hérédité en cette qualité ; et de faire insérer cette déclaration *sur les registres destinés à recevoir les actes de renonciation.* Ibid, art. 83.

2°. De faire procéder à l'inventaire fidèle et exact des biens de la succession, dans les formes prescrites par le code de la procédure civile, dans les délais et sous les modifications ci-dessus indiquées. *Ibid, art.* 84.

3°. De donner caution bonne et solvable, si les créanciers ou autres intéressés le requièrent, de la valeur du mobilier compris dans l'inventaire, et de la portion du prix des immeubles non déléguée aux créanciers hypothécaires. *Ibid, art.* 97.

« Faute par l'héritier bénéficiaire de four-
» nir cette caution, les meubles sont vendus,
» et le prix déposé, ainsi que la portion du
» prix des immeubles non déléguée, pour
» être employés en l'acquit des charges de
» la succession. » *Ibid.*

4°. D'administrer en bon père de famille, et de rendre compte de son administration toutes les fois que les créanciers opposans le requièrent, sans être tenu d'autres négligences, que des fautes graves. *Ibid, art.* 94. C'est-à-dire, suivant l'expression des lois romaines, d'une négligence telle, « qu'elle
» ne puisse être supposée exempte de fraude
» dans l'homme le plus borné. » *Lata culpa est nimia negligentia, id est non intelligere quod omnes intelligunt.* L. 213. dig. *de verb. fig.*

Il seroit injuste de porter plus loin la rigueur vis-à-vis d'un administrateur que la loi ou la volonté du testateur ont appelé. Il importe que les successions ne soient pas abandonnées par la crainte de recherches.

minutieuses dont la qualité d'héritier bénéficiaire ne mettroit pas à l'abri ; mais tout
administrateur est responsable des « *fautes*
» *graves,* parce qu'elles équipolent au dol, »
suivant l'expression des lois romaines : *Magna negligentia culpa est, magna culpa
dolus est.* L. 224, ibid.

Le nouveau code fournit quelques exemples de ces fautes, en développant les obligations attachées à la qualité d'héritier bénéficiaire. « S'il représente les meubles en
» nature, il n'est tenu que de la dépréciation
» ou détérioration causée par sa négligence. »
Code civil, ibid, art. 95.

Mais il ne peut les vendre que *par le
ministère d'un officier public, aux enchères, et après affiches et publications.* Ibid.

« S'il y a des créanciers opposans, *il ne
» peut payer que dans l'ordre et de la
» manière réglée par le juge.* » Ibid, art. 98.

« S'il n'y a pas de créanciers opposans,
» il paie les créanciers et les légataires à
» mesure qu'ils se présentent. » *Ibid.*

Car s'ils sont lésés par la précipitation de
créanciers ou de légataires plus actifs, ils
doivent s'imputer de n'avoir pas fait connoître leur droit.

« Les créanciers non opposans qui ne
» se présentent qu'après l'appurement du
» compte et le paiement du reliquat, n'ont
» de recours que contre les légataires. »
Ibid , art. 99.

« Dans l'un et dans l'autre cas, le recours
» se prescrit par trois ans, à compter de
» l'appurement du compte, et du paiement
» du reliquat. » *Ibid.*

« Les frais de scellé, *s'il en a été apposé,*
» (car ce n'est pas une obligation, s'ils ne
» sont requis, *voyez* le §. II ci-dessus, et
» chap. suivant) d'inventaire et de compte,
» sont à la charge de la succession. » *Ibid,*
art. 100.

Si l'héritier bénéficiaire a contrevenu à
ces règles, il a commis *une faute grave,*
dont il est responsable sur ses biens personnels envers ceux qui sont lésés ; mais il n'est
pas pour cela réputé héritier pur et simple.

Il n'en est pas de même des recélés et
divertissemens ; ils annullent l'inventaire ;
car un tableau qui ne représente qu'une
partie de l'objet, n'est qu'une caricature
fausse et imparfaite ; l'héritier qui s'en rend
coupable commet un *larcin,* en s'appro-
priant ce qui ne devoit lui appartenir qu'après

le paiement des créanciers et des légataires :
Furti actione, creditoribus teneatur, dit
la loi 71. §. ult. dig. *de acq. vel. omitt.
hæred.*

« Les héritiers qui auroient diverti ou
» recélé des effets d'une succession, sont
» déchus de la faculté d'y renoncer; ils
» demeurent héritiers *purs et simples,* non-
» obstant leur renonciation, *sans pouvoir
» prétendre aucune part dans les objets
» divertis ou recélés.* » Code civil, ibid,
sect. II, art. 82.

« L'héritier qui s'est rendu coupable de
» recélé, ou qui a omis, *sciemment et de
» mauvaise foi, de comprendre,* dans l'in-
» ventaire, des effets de la succession, *est
» déchu du bénéfice d'inventaire.* » Ibid,
sect. III, art. 9.

CHAPITRE VI.

DES PARTAGES.

Des rapports, du paiement et de la contribution aux dettes ; des effets du partage, de la garantie des lots, et de la rescision en matière de partage.

CES cinq objets renferment toute la matière de ce chapitre.

Avant de l'entamer, qu'il nous soit permis de reprendre sommairement une question dont nous n'avons fait qu'indiquer la décision dans le chapitre précédent, de rassembler quelques principes, dont les uns sont préalables à l'inventaire même, d'autres me paroissent propres à jeter de la lumière sur la matière de ce chapitre embarrassée par les détails qu'elle renferme.

§. 1er.

De la nature du partage et des cas dans lesquels, pour en assurer l'universalité et l'égalité, il est nécessaire que les scellés aient été apposés sur les effets de la succession.

I.

Droit des cohéritiers par indivis de demander partage.

L'indivision entre les ayant droit à l'hérédité, forme, ainsi qu'il a été dit, une sorte de société résultante, non de la convention, mais de la chose même.

Les co-propriétaires peuvent suspendre le partage, pour l'avantage commun ; mais aucune convention ne peut rendre cette prorogation indéfinie, et forcer l'un des associés à demeurer en communauté malgré lui.

« Nul ne peut être contraint de demeu-
» rer dans l'indivision, et le partage peut
» toujours être provoqué, nonobstant pro-
» hibitions et conventions contraires.

» On peut cependant convenir de sus-

Successions. 10

» pendre le partage pendant un temps li-
» mité. » *Code civil, chap. VI, sect. I,*
art. 105.

Cette disposition du nouveau code est
la traduction littérale de la loi dernière.
C. *communi div.*

In omni communione vel societate ne-
mo cogitur invitus detineri.

La loi 14, dig. *fam. ercisc.* établit la distinction d'une renonciation absolue à tout
partage, et d'une suspension momentanée.
« S'il est convenu qu'il n'y aura aucun par-
» tage, il est manifeste qu'un tel pacte ne
» doit pas avoir d'exécution ; mais s'il ne
» porte qu'une suspension pendant un cer-
» tain temps, pour l'avantage commun, il
» est valable. »

Si conveniat ne omnino divisio fiat,
hujus modi pactum nullas vires habet.
Sin intra certum tempus, quod etiam,
ipsius rei qualitati prodest, valet.

Les lois romaines ne limitoient pas la
durée d'une telle suspension ; le nouveau
code la limite à cinq années ; *mais elle*
peut être renouvelée. Ibid.

Telle est la base fondamentale de tout
partage, de toute licitation ; on entend par

ce mot la vente soit, volontaire, soit judiciaire, d'un objet indivisible, ou qui ne
pourroit être divisé sans grande incommo-
dité, pour en partager le prix entre les co-
propriétaires. *Voyez* les lois 1 et 3, *C. commun. div.* et la loi 55, *dig. fam. ercisc.*

« Le partage peut être demandé, même
» quand l'un des héritiers auroit joui sépa-
» rément de partie des biens de la succes-
» sion, s'il n'y a eu un acte de partage, *ou*
» *possession suffisante pour acquérir la*
» *prescription.* » Code civil, ch. VI, sect. I,
art. 106.

« L'action en partage, à l'égard des héri-
» tiers mineurs ou interdits, peut être exer-
» cée par leurs tuteurs, *spécialement au-*
» *torisés par un conseil de famille.*

» A l'égard des cohéritiers absens, l'ac-
» tion appartient aux parens envoyés en
» possession. » *Ibid, art.* 107.

« Le mari (comme maître de la communauté, suivant l'expression de nos anciennes
lois) » peut provoquer le partage des meu-
» bles ou immeubles à elle échus qui tom-
» bent dans la communauté.

» A l'égard des objets qui ne tombent
» pas en communauté, le mari n'en peut

» provoquer le partage sans le concours de
» sa femme; il peut seulement, *s'il a le
» droit de jouir de ces biens,* demander
» un partage provisoire.

» *Les cohéritiers de la femme ne*
» *peuvent provoquer le partage, qu'en*
» *mettant en cause le mari et la femme.* »
Ibid, art. 108.

I I.

Partage entre cohéritiers présens et
majeurs, sans opposition de la part
des créanciers de la succession.

« Si tous les héritiers sont présens ou
» majeurs, le partage peut être fait *dans*
» *la forme et par tel acte* que les parties
» intéressées le jugeront convenable. » *Code
civil, ibid,* art. 109.

C'est la maxime que *tout premier acte
entre cohéritiers, quelque nom qui lui
soit donné, de vente, de transaction, de
forfait, tendant à détruire l'indivision,
tient lieu de partage;* maxime féconde,
dans notre ancien droit, sous l'empire du
gouvernement féodal, qui assujétissoit à
des droits pécuniaires les mutations de pro-

priété en fiefs et en censives; il étoit impor-
tant alors de distinguer ce premier acte
exempt de droits, ou assujéti à de moindres
prestations que les autres; et cependant elle
n'est pas sans intérêt aujourd'hui, que tout
cet échafaudage féodal n'existe plus, soit
pour la garantie respective des lots, soit
pour la rescision en matière de partage,
ou de tout acte équipollent à partage, dont
nous parlerons ci-après.

III.

Formalités nécessaires en cas de réquisition de la part des créanciers de
la succession, de minorité, d'absence,
d'interdiction de quelques-uns d'entre
eux.

La loi veille pour celui qui ne peut se
défendre; il importe qu'il soit assuré,
par tous les moyens que la prudence exige,
de l'intégrité de la portion qui lui est ad-
jugée, dans la succession commune.

Nous avons vu que dès l'instant de l'ouverture de la succession, les créanciers
avoient le droit de requérir l'apposition des
scellés, pour la conservation de leurs droits.

Ils ne le peuvent toutefois qu'en vertu d'un titre exécutoire, et de la permission du juge; car l'apposition de scellés est une saisie qui donne atteinte à la propriété, et n'est autorisée qu'attendu la vacance de cette propriété, et l'incertitude de celui à qui elle sera transmise, soit par la loi, soit par le testament.

« Les créanciers peuvent requérir l'ap-
» position de scellés, *en vertu d'un titre*
» *exécutoire et d'une permission du juge.*»
Ibid, art. 110.

Quant aux absens, aux mineurs, aux interdits, ils sont spécialement sous la protection de la loi. Si personne ne demandoit cette apposition, le ministère public ne pourroit se dispenser de la requérir, le tribunal compétent de l'ordonner. Tous gardassent-ils le silence, le juge de paix, qui tient lieu, dans le nouveau droit, des juges de seigneur, comme représentant de la chose publique, y procéderoit d'office.

« Si tous les héritiers ne sont pas pré-
» sens, s'il y a parmi eux des mineurs ou
» des interdits, le scellé doit être apposé,
» *dans le plus bref délai,* soit à la re-
» quête des héritiers, soit à la diligence du

» commissaire du gouvernement près le tri-
» bunal de première instance, *soit d'office*
» *par le juge de paix dans l'arrondisse-*
» *ment duquel la succession est ouverte.* »
Ibid, art. 109.

IV.

Compétence du tribunal de première instance pour la levée des scellés,
et le jugement de toutes les contestations relatives au partage.

Ici commence, à l'avantage du nouveau
code, la dissemblance de nos lois nouvelles
et des anciennes.

Dans notre ancien droit, un concours de
juridictions qui se heurtoient sans cesse, les
hauts, les moyens justiciers juges ordinaires
des roturiers; les bailliages et sénéchaussées
ressortissant nûment dans les parlemens,
seuls juges des nobles, aux termes de l'édit
de Cremieu.

Dans le nouveau code, les juges de
paix seuls compétens, chargés de pourvoir
promptement à la sûreté et à la conservation des biens de la succession, par l'apposition, la levée des scellés et l'inventaire,

le tribunal de première instance, juge de toutes les contestations auxquelles les droits des prétendans à la succession, des créanciers et des ayant droit peuvent donner lieu, sauf l'appel aux tribunaux supérieurs.

« Lorsque le scellé a été apposé, *tous » les créanciers peuvent y former oppo- » sition, encore qu'ils n'aient ni titre exé- » cutoire, ni permission du juge.* » Ibid, art. 3.

Car les biens étant sous la main de la justice, il importe de connoître tous ceux qui ont des prétentions à exercer sur l'hérédité, en quelque ordre qu'ils soient.

« Les formalités pour la levée des scellés » et la confection de l'inventaire sont ré- » glées par le code de la procédure civile. » *Ibid.*

« L'action en partage et les contestations » qui s'élèvent dans le cours des opérations » sont soumises *au tribunal du lieu de » l'ouverture de la succession.*

» C'est devant ce tribunal qu'il est pro- » cédé aux licitations, et que doivent être » portées les demandes relatives à la ga- » rantie des lots et celles en rescision. » *Ibid.* art. 112.

« Si l'un des cohéritiers refuse de con-
» sentir au partage, ou s'il s'élève des con-
» testations, soit sur le mode d'y procéder,
» soit sur la manière de le terminer, le
» tribunal prononce comme en matière
» sommaire, ou commet, s'il y a lieu, pour
» les opérations du partage, un des juges
» sur le rapport duquel il décide les con-
» testations. » *Ibid, art.* 113.

V.

De la composition de la masse.

La masse qui doit servir de base au partage, est composée des effets apparens, d'a-
près l'estimation portée par l'inventaire.

Dans nos anciens usages, l'estimation
des meubles étoit censée faite à un prix
inférieur à la valeur réelle de l'objet estimé;
d'où il résultoit que pour obtenir la valeur
réelle, on étoit obligé d'ajouter le quart en
sus, qu'on nommoit *la crue,* comme représentant l'augmentation supposée, résultante
de la chaleur des enchères.

C'est par ce motif que l'art. 228 de notre
coutume autorisoit l'héritier à demander
que « nouvelle prisée fut faite des meubles

» compris dans le don mutuel..... *à leur*
» *juste estimation;* » fiction rejetée par le
nouveau code.

« L'estimation des meubles, s'il n'y a
» pas eu de prisée faite par un inventaire
» régulier, doit être faite par gens à ce
» connoissans, *à leur juste prix et sans*
» *crue.* » Ibid, art. 115.

« L'estimation des immeubles est faite
» par experts choisis par les parties inté-
» ressées, ou à leur refus nommés d'office.

» Le procès-verbal des experts doit pré-
» senter les bases de l'estimation; *il doit*
» *indiquer si l'objet estimé peut être aisé-*
» *ment partagé;* fixer enfin, en cas de di-
» vision, chacune des parts qu'on peut for-
» mer, et leur valeur. » *Ibid, art.* 114.

Les meubles, l'argent comptant, les contrats, les dettes actives, les immeubles
dont les titres sont compris dans l'inventaire, telle est la masse apparente de la
succession.

Elle s'accroît par les rapports que les héritiers sont tenus de se faire l'un à l'autre.

Elle s'altère par les dettes passives.

Ces trois objets sont donc tellement liés,
qu'il est impossible de les séparer.

DROIT ANCIEN.

Des Rapports.

Quatre articles de la coutume de Paris renferment les principes du droit ancien de la France sur cette matière.

« Meubles ou immeubles donnés par » père ou mère à leurs enfans, sont répu- » tés donnés en avancement d'hoirie. » *Coutume de Paris, art.* 278.

Par conséquent sujets à rapport par ces mêmes enfans venans à la succession des père ou mère donateur.

« Les enfans venans à la succession de » père ou mère, doivent rapporter ce qui » leur a été donné, pour avec les autres » biens, être mis en partage entr'eux, ou » moins prendre. » *Ibid, art.* 304.

« Aucun ne peut être héritier et légataire » d'un défunt tout ensemble. » *Ibid, art.* 300.

« Peut toutefois entre-vifs être dona- » taire et héritier, en ligne collatérale. » *Ibid, art.* 301.

Pour développer ces principes généraux de notre droit coutumier, et faire connoître les variations qu'il avoit éprouvées, dans nos usages territoriaux, il est nécessaire de remonter au droit romain dont il tiroit sa source.

DROIT ROMAIN.

L'obligation imposée aux descendans de rapporter ce qu'ils avoient reçu de la libéralité de leurs ascendans, pour être mis en partage avec leurs cohéritiers, ou moins prendre en effets de la succession, fut inconnue, tant que la loi des douze tables n'admit au partage que les seuls *héritiers siens*, c'est-à-dire, les enfans en puissance. Qu'auroient-ils rapporté, puisqu'ils ne pouvoient rien acquérir pour eux-mêmes, et que tout le fruit de leurs travaux ou de leurs épargnes, si vous exceptez le pécule castrense et *quasi castrense*, faisoit partie de la succession ?

Mais quand le préteur eût admis les enfans émancipés à concourir avec les enfans en puissance au partage de la succession, l'inégalité eût été sensible, si les émancipés eussent conservé ce qu'ils avoient acquis pendant la vie du père ou de l'aïeul commun.

« Ce titre (des rapports) est d'une équité

» manifeste ; car le préteur admettant les
» enfans émancipés à la possession de l'hé-
» rédité paternelle, même contre la dis-
» position du testament de leur père, et
» les rendant participans de la succession
» avec les enfans demeurés sous la puis-
» sance paternelle, il étoit d'une justice
» évidente que ceux qui convoitoient les
» biens du père commun missent en partage
» les avantages que l'émancipation leur
» avoit procurés. » *Hic titulus manifestam*
» *habet equitatem; cum enim prætor ad*
» *bonorum possessionem contra tabulas*
» *emancipatos admittat, participesque fa-*
» *ciat cum his qui sunt in potestate, con-*
» *sequens esse credit, ut sua quoque bona*
» *in medium conferant qui appetunt pa-*
» *terna.* » L. 1. dig. *de coll. bon.*

Ainsi, dans le droit romain, l'obligation
du rapport ne portoit pas seulement sur
les donations faites par le père de famille
à son fils en l'émancipant; mais sur tous
les avantages que l'émancipation avoit pro-
curé aux émancipés au préjudice des enfans restés sous la puissance paternelle.

Et néanmoins le père, souverain législateur dans sa famille, pouvoit dispenser

le fils émancipé du rapport, pourvu que les avantages qu'il lui avoit faits, ne donnassent pas atteinte à la légitime des enfans demeurés sous la puissance, dont nous parlerons dans un autre lieu; et cette dispense étoit présumée de droit toutes les fois que le père les avoit institués héritiers, sans les assujétir au rapport.

Emancipatos liberos testamento hœredes scriptos et ex eo successionem obtinentes, à patre donata fratribus conferre non oportere, si pater ut hoc fiat supremis judiciis non cavit, manifesti juris est. L. 1. C. de eod.

« Il est manifeste que les enfans éman» cipés institués héritiers par le testament
» de leur père, et partageant à ce titre l'héré» dité, ne sont pas obligés de rapporter à
» leurs frères les dons qui leur ont été faits,
» si le père ne l'a ainsi ordonné par sa
» dernière volonté. »

Telle est l'histoire abrégée des principes du rapport des donations entre-vifs en ligne directe, dans le droit romain.

DROIT COUTUMIER.

Notre droit coutumier n'admettoit pas la puissance paternelle du droit romain ; mais il recueilloit les principes d'équité qui avoient guidé les législateurs romains, en obligeant les enfans *héritiers* à rapporter tout ce qu'ils tenoient de la libéralité de leurs ascendans, pour être mis en partage avec leurs cohériritiers, ou *moins prendre*.

Il falloit pourvoir à l'irrévocabilité des actes entre-vifs; c'est ce que notre coutume avoit fait en dispensant les enfans *venans à la succession* du rapport des fruits, et les autorisant à renoncer à l'hérédité pour conserver les libéralités qui leur avoient été faites, lorsque ces libéralités ne donnoient pas atteinte à la légitime des autres enfans.

Recueillons en peu de mots les dispositions de la coutume de Paris sur ce point.

I°. Obligation de rapporter, ou moins prendre.

Meubles ou immeubles donnés par mère ou mère à leurs enfans sont réputés donnés en avancement d'hoirie. *Art.* 278.

Les enfans venans à la succession des père ou mère, doivent *rapporter* ce qui leur a été donné, pour, avec les autres biens de ladite succession, être mis en partage entre eux, *ou moins prendre*. Art. 304.

N. B. C'est par une conséquence du même principe, que l'article 252 obligeoit l'enfant douairier de
rapporter ce qu'il avoit reçu de ses père ou mère, ou
moins prendre sur le douaire.

II°. Ce qui avoit été donné aux pères ou mères étoit rapportable à la succession des aïeuls.

L'enfant ayant survécu ses père et mère,
et *venant à la succession de ses aïeuls ou
aïeules* survivans lesdits père et mère, *encore qu'il renonce à la succession de sesdits père et mère*, est néanmoins tenu de
rapporter à la succession de sesdits aïeuls
ou aïeules, tout ce qui a été donné à sesdits
père et mère par sesdits aïeuls ou aïeules,
ou moins prendre. Art. 308.

III°. Ce qui avoit été donné aux en-fans de celui qui étoit héritier, étoit sujet à rapport ou moins prendre.

Pareillement ce qui a été donné aux enfans de ceux qui sont héritiers et viennent à
la succession de leur père, mère, ou autres
ascendans, *est sujet à rapport, ou à moins
prendre*, comme dessus. *Art. 306.*

IV°. Faculté accordée au donataire de s'en tenir à son don.

Néanmoins où celui auquel auroit été donné se voudroit tenir à son don, faire le peut, en s'abstenant de l'hérédité, *la légitime réservée aux autres enfans.* Art. 307.

V°. Rapport en nature; remboursement des impenses nécessaires et utiles.

Si le donataire, lors du partage, a les héritages à lui donnés en sa possession, il *est tenu les rapporter en essence ou espèce, ou moins prendre en autres héritages de la succession de pareille valeur et bonté;* et faisant ledit rapport en espèce, *doit être remboursé, par ses cohéritiers, des impenses utiles et nécessaires;* et si les cohéritiers ne veulent rembourser lesdites impenses, *en ce cas le donataire est tenu rapporter seulement l'estimation d'iceux héritages, eu égard au temps que division et partage est fait entre eux, déduction faite desdites impenses.* Ibid, art. 305.

N. B. Si le donataire a les biens donnés en sa possession; car étant propriétaire, il a pu les aliéner;

Successions. 11

alors il ne seroit tenu de rapporter, ou moins prendre que le prix qu'il auroit retiré de la vente faite sans fraude.

VI°. Les fruits ou intérêts n'étoient sujets à rapport, sinon du jour de l'ouverture de la succession.

Les fruits de la chose donnée par père et mère, aïeul ou aïeule, soit héritages ou rentes, ne se rapportent, sinon du jour de la succession échue, *et s'il y a deniers baillés, les profits se rapportent depuis ledit temps à raison du denier vingt.* Art. 309.

N. B. Le taux de l'intérêt de l'argent étant le denier 15, en 1580, époque de la réformation de notre coutume, comme nous l'avons observé au titre *des Choses*, l'intention des réformateurs de notre coutume, en fixant au denier 20 les intérêts des sommes données par les ascendans à leurs descendans, paroît avoir été de diminuer la charge imposée au donataire, pour faire compensation avec le produit des immeubles restés dans la succession, ou donnés aux autres enfans, produit ordinairement inférieur au taux de l'argent.

C'est ainsi, dans le sens contraire, que l'édit de 1711, concernant les duchés-pairies, voulant favoriser l'aîné, dans la récompense qu'il devoit à ses puînés, et à ses sœurs de leur légitime sur ces biens impartables de leur nature, ne l'obligeoit de payer cette récompense, qu'à raison du produit des légitimes, évaluées sur le pied du denier 20.

Il semble donc que le taux de l'intérêt de l'argent étant, à l'époque de notre révolution, le denier 20, les intérêts de l'argent donné par les ascendans à leurs descendans, n'eussent dû être sujets à rapport que sur le pied du denier 25. Cependant la jurisprudence n'avoit pas égard à cette progression.

Ni dans le droit romain, ni dans notre droit coutumier, l'héritier collatéral n'étoit obligé de rapporter les donations entre-vifs qui lui avoient été faites : ces donations l'ayant saisi du vivant du donateur, et n'étant pas censées faites en avancement d'hoirie, les biens donnés ne se trouvoient plus dans la succession lors de son ouverture. De là la maxime :

« Peut toutefois entre-vifs être donataire » et héritier en ligne collatérale. » *Coutume de Paris, art.* 301.

Ces règles ne recevoient d'exception que dans quelques coutumes qu'on nommoit, par cette raison, *d'égalité parfaite,* qui obligeoient les enfans et descendans, même renonçant, à rapporter ce qui leur avoit été donné par leurs père et mère, et autres ascendans ; car il est remarquable que notre droit coutumier qui, dans les fiefs, introduisoit partout l'inégalité en faveur des mâles, surtout en faveur de l'aîné mâle, se rapprochoit plus ou moins de l'égalité dans les autres espèces de biens; tant cette égalité est dans la nature!

Reste le quatrième principe de notre ancien droit, *l'incompatibilité des qualités d'héritier et de légataire*.

Cette incompatibilité résultoit de la définition même du legs. *Donatio quædam à defuncto relicta, ab hærede prestanda.* Inst. *de legatis,* §. I.

« Une sorte de donation faite par un » défunt, qui doit être fournie par l'hé- » ritier. »

Ainsi, lorsque l'héritier étoit lui-même légataire, il s'opéroit dans sa personne une confusion des deux qualités de créancier et de débiteur, qui éteignoit la dette, si le testateur n'avoit ordonné expressément qu'elle seroit acquittée, par forme de *prélegs,* sur la masse de la succession, sans donner atteinte aux droits de l'héritier; ce qui étoit autorisé dans les pays de droit écrit; non dans nos coutumes.

Qui pouvoit opérer cette confusion?

Ce n'étoit pas les créanciers de la succession ; si l'hérédité avoit été acceptée sous bénéfice d'inventaire ; car leur droit étant universel sur tous les biens de la succession, ils n'en avoient aucun sur les biens de l'héritier, ni par conséquent aucun intérêt au partage, si ce n'est pour la prélibation de leurs créances, comme il sera dit ci-après.

Ce n'étoit pas les légataires ; car ils n'avoient qu'un titre particulier, et pourvu qu'il fût rempli, ils n'avoient aucun droit de critiquer le partage.

C'étoit les cohéritiers du légataire qui pouvoient empêcher que deux causes lucratives, pour me servir de l'expression des jurisconsultes, ne s'accumulassent dans la même main, à leur préjudice.

Mais « dans nos usages où nous connois-
» sions presqu'autant de successions que de
» nature de biens ou de coutumes diverses
» dans lesquelles ces biens étoient situés, »
(*discours du conseiller d'état Treilhard*)
ce n'étoit pas l'héritier des propres qui pouvoit contester à l'héritier des meubles et acquêts la cumulation des deux qualités d'héritier et de légataire, puisque le droit de l'un étoit déterminé par la loi ; le droit

de l'autre, par la volonté du testateur.

C'étoit donc les seuls cohéritiers venans au même titre à la succession.

Passons aux dispositions du nouveau code.

DROIT NOUVEAU.

I. « Tout héritier, même bénéficiaire,
» venant à succession, doit rapporter à ses
» cohéritiers tout ce qu'il a reçu du défunt
» par donation entre vifs, *directement ou*
» *indirectement;* il ne peut retenir les dons
» ni réclamer les legs à lui faits par le dé-
» funt, *à moins que les dons et legs ne*
» *lui aient été faits expressément par*
» *préciput et hors part, ou avec dispense*
» *de rapporter.* » Code civil, chap. VI,
sect. II, art. 133.

« Dans le même cas (où les dons et legs
» auroient été faits par préciput, ou avec
» dispense de rapport), l'héritier venant à
» partage, ne peut les retenir que *jusqu'à*
» *concurrence de la quotité disponible;*
» l'excédent est sujet à rapport. » *Ibid, art.*
134.

Ainsi plus de distinction quant à l'obligation de rapporter de la ligne directe à la

ligne collatérale, de la donation entre-vifs aux legs et dispositions testamentaires.

Tout se réduit à la volonté du défunt. A-t-il ordonné que les donations, les avantages, les legs ne seroient pas rapportables? « A-t-il légué par préciput à l'un de ses » héritiers? Il est manifeste que le magis-» trat chargé de procéder au partage doit » l'en faire jouir. » *Si uni ex hæredibus fuerit legatum, hoc deberi ex officio familiæ erciscundæ manifestum est.* L. 17. §. 2, dig. *de leg.*

I. A-t-il gardé le silence sur la question du rapport? tout doit être mis en commun.

II. *Directement ou indirectement*, porte l'article 133 cité ci-dessus; ce qui exige un développement

« Le rapport est dû de ce qui a été em-» ployé pour l'établissement d'un des co-» héritiers, ou pour le paiement de ses » dettes. » *Ibid, art.* 141.

« Il en est de même des profits que l'hé-» ritier a pu retirer des conventions pas-» sées avec le défunt, si ces conventions » présentoient un avantage indirect, lors-» qu'elles ont été faites. » *Ibid, art.* 143.

Exceptions : 1re. « Les frais de nourri-
» ture, d'entretien, d'éducation, d'appren-
» tissage, les frais ordinaires d'équipement,
» ceux des noces et présens d'usage.... » *Ibid,
art.* 142.

: « Toutes ces dépenses étoient de la part
» du père une dette, et non pas une libé-
» ralité. En donnant le jour à ses enfans,
» il avoit contracté l'obligation de les en-
» tretenir, de les élever et de les équiper. »
Discours de l'orateur du gouvernement.
— Oui le père; mais les collatéraux, il n'en
étoit pas de même; et cependant vous les
exemptez de rapporter ces objets. — La ré-
ponse est facile. L'inégalité est moins fâ-
cheuse en collatérale; nos lois anciennes
affranchissoient l'héritier collatéral de tout
rapport. *Voyez* l'article 301 de notre coutume, rapporté ci-dessus.

2me. « Pareillement il n'est pas dû de
» rapport pour les associations *faites sans*
» *fraude*, entre le défunt et ses héritiers,
» *lorsque les conditions ont été réglées*
» *par un acte authentique.* » Ibid, art. 144.

Car de pareils traités ne peuvent être regardés comme un avantage, une libéralité;
ils pouvoient être plus onéreux qu'utiles.

III. « Le rapport ne se fait qu'à la succession du donateur. » *Ibid, art.* 140.

« L'héritier qui renonce à la succession
» peut retenir le don entre-vifs, ou récla-
» mer le legs à lui fait, *jusqu'à concur-*
» *rence de la portion disponible.* » Ibid,
art. 135.

N.B. Ceci est entièrement conforme à notre ancien droit, excepté dans les coutumes *d'égalité parfaite.*

« Le donataire qui n'étoit pas héritier
» présomptif lors de la donation, mais qui
» se trouve successible au jour de l'ouver-
» ture de la succession, doit également le
» rapport, *à moins que le donateur ne*
» *l'en ait dispensé.* » Ibid, art. 136.

« Les dons et legs faits au fils de celui
» qui se trouve successible au jour de l'ou-
» verture de la succession, *sont toujours*
» *réputés faits avec dispense de rapport.*
» Le père venant à la succession du do-
» nateur, n'est pas tenu de les rapporter. »
Ibid, art. 137.

« Pareillement le fils *venant de son chef*
» à la succession du donateur, n'est pas
» tenu de rapporter le don fait à son père,
» *même quand il auroit accepté la suc-*

» *cession de celui-ci ;* mais si le fils *ne*
» *vient que par représentation,* il doit rap-
» porter ce qui avoit été donné à son père,
» *même dans le cas où il auroit répudié*
» *sa succession.* » Ibid, art. 138.

N. B. Ceci est directement contraire aux articles
306 et 308 de notre coutume, que nous avons rapportés
ci-dessus, et au tome Ier de ce livre, pages 225 et
226, *Union des père et mère et des enfans,* à
cette sorte d'identification des pères et des enfans
qu'admettent les lois romaines, qui considèrent les
enfans comme copropriétaires avec leurs pères, du
vivant même des auteurs de leurs jours. *Sui hæredes*
appellantur quia domestici hæredes sunt, et vivo
patre quodammodo domini existimantur. Inst. *de*
hæred. et qual. et diff. §. I. « Ils sont dits héritiers
» siens, parce qu'ils sont de la maison, et, en quel-
» que manière, propriétaires avec les auteurs de
» leurs jours. » A combien de fraudes l'altération de
ce principe, si conforme au vœu de la nature, ne
peut-elle pas donner lieu ! Un aïeul, nous dit-on,
pourroit ruiner sa succession par une donation faite
à son petit-fils, qui l'auroit dissipée, et réciproquement. En est-il moins vrai que cette branche d'héritiers en ligne directe demeurera avantagée au préjudice des autres, contre l'esprit de toutes les lois ?
Ce père, cet enfant, venant à la succession, soit de
leur chef, soit par représentation, obligés de rapporter ce qui avoit été donné à leur branche, avoient
droit de réclamer leur légitime dans la succession

directe , s'ils étoient lésés. Avec quelle justice préfé-
rez-vous de laisser cette ressource aux branches
moins favorisées ? Respectons les vues sages de nos
législateurs.

« Les dons et legs faits au conjoint d'un
» époux successible , *sont réputés faits*
» *avec dispense de rapport.* » Ibid , art.
159.

Ainsi le mari ou la femme ne seront pas
tenus de rapporter ce que le père de l'un
d'eux aura donné à son gendre ou à sa bru.
Autre disposition entièrement nouvelle.

« Si les dons sont faits conjointement à deux
» époux, dont l'un seulement est succes-
» sible , celui-ci en rapporte la moitié; si
» les dons sont faits à l'époux successible,
» il les rapporte en entier. » *Ibid.*
IV. Revenons aux règles de notre ancien
droit, adoptées par le nouveau code.

« Le rapport n'est dû que par le cohéri-
» tier à son cohéritier; il n'est pas dû aux
» *légataires* ni aux *créanciers* de la suc-
» cession. » *Ibid , art.* 147.

V. Rapport en nature , et rapport en
moins prenant.

Notre ancien droit laissoit le choix de
ces deux formes au donataire *tenu de rap-*

porter ou moins prendre. Cout. de Paris;
art. 304, 305, 306, 308.

Le nouveau code particularise davantage.

« Le rapport peut être exigé en nature,
» toutes les fois que l'immeuble donné n'a
» pas été aliéné par le donataire, et qu'il
» n'y a pas, dans la succession, d'immeu-
» bles de même nature, valeur et bonté. »
Code civil, ibid, art. 149.

« Le rapport n'a lieu qu'en moins pre-
» nant, quand le donataire a aliéné l'im-
» meuble avant l'ouverture de la succes-
» sion. » *Ibid.*

« Lorsque le don d'un immeuble fait à
» un successible *avec dispense de rapport,*
» excède la portion disponible, le rapport
» se fait en nature, si le retranchement de
» cet excédent peut se faire commodé-
» ment. » *Ibid.*

« Dans le cas contraire, si l'excédent est
» de plus de moitié de la valeur de l'im-
» meuble, le donataire doit rapporter l'im-
» meuble en totalité, sauf à prélever sur
» la masse la valeur de la portion dispo-
» nible.

» Si cette portion excède la moitié de la

» valeur de l'immeuble, le donataire peut
» retenir l'immeuble en totalité, sauf à
» *moins prendre*, et à récompenser ses co-
» héritiers en argent ou autrement. » *Ibid,*
art. 156.

VI. *Des charges imposées par le dona-*
taire pendant sa jouissance; du cas où
l'immeuble auroit péri sans sa faute; des
dégradations et des améliorations; de la
restitution des fruits.

« Lorsque le rapport se fait en nature,
» les biens se réunissent à la masse de la
» succession, francs et quittes de toutes
» charges créées par le donataire; mais les
» créanciers ayant hypothèque peuvent in-
» tervenir au partage, pour s'opposer à ce
» que le rapport se fasse en fraude de leurs
» droits. » *Ibid, art.* 155.

« L'immeuble qui a péri par un cas for-
» tuit et sans faute du donataire n'est pas
» sujet à rapport. » *Ibid, art.* 145.

Si les dégradations ont été occasionnées
par le fait ou la négligence du donataire,
il en est tenu; si elles ne peuvent lui être
imputées, elles sont à la charge de la succession. *Ibid, art.* 133.

La loi romaine distinguoit trois espèces

d'impenses ou améliorations, *nécessaires,* *utiles, voluptuaires.*

Impensarum quædam sunt necessariæ, quædam utiles, quædam vero voluptuariæ. L. 1. dig. *de impensis in res dot. fact.*

Elle écartoit par l'exception de dol, celui qui refusoit de tenir compte des impenses, même voluptuaires, en tant qu'elles avoient augmenté la valeur de la chose.

« Celui qui refuse de tenir compte des
» peintures, des marbres et autres dépenses
» voluptuaires, faites par le possesseur de
» bonne foi, ne doit-il pas être écarté par
» l'exception de dol ? »

Videamus ne et ad picturarum quoque et marmorum, et cæterarum voluptuarium rerum impensas, æque proficiat nobis doli exceptio, si bonæ fidei possessores erimus. L. 59. §. 1. *de hœreditatis petitione.*

« De telles dépenses faites à une chose
» destinée à être vendue, ne sont pas des
» dépenses voluptuaires, mais utiles. »

Quod si hœ res in quibus impensæ factæ sunt promercales fuerint, non voluptariæ sed utiles sunt. L. 10. dig. *de imp. in res dotales factis.*

A plus forte raison lui doit-il être tenu

compte des *impenses nécessaires* « qu'il a
» faites pour la conservation de la chose,
» *encore qu'elles n'aient point amélioré*
» *le fond.* » Ibid, art. 152.

« Dans tous les cas, dit le nouveau code,
» il doit être tenu compte au donataire des
» impenses qui ont amélioré la chose, *eu*
» *égard à ce dont sa valeur se trouve aug-*
» *mentée au temps du partage.* » Ibid,
art. 151.

« Le cohéritier qui fait le rapport en
» nature d'un immeuble, peut en retenir la
» possession jusqu'au remboursement effec-
» tif des sommes qui lui sont dues pour
» impenses et améliorations. » *Ibid, art.*
157.

Il en est de même lorsque l'immeuble a
été aliéné par le donataire, et par conséquent
que le rapport se fait *en moins prenant,*
suivant l'estimation ; cette estimation doit
être faite eu égard aux dégradations dont
l'héritier moins prenant auroit été responsable, ou aux améliorations faites, soit par
lui, soit par l'acquéreur, dont ses cohéritiers auroient été tenus.

C'est le sens que nous avons cru devoir
donner à l'art. 154, *ibid;* car comment sup-

poser que le donataire pût rapporter en nature ce que, dans l'hypothèse, il a aliéné !

« Les fruits accroissent la masse de l'hé-
» rédité, en quelque temps que la succes-
» sion soit acceptée. »

*Fructus omnes augent hœreditatem,
sive ante aditam, sive post aditam hœreditatem accesserint. L. 20. 3. dig. de hœr.
pet.*

La restitution des fruits due au donataire
obligé au rapport ne date donc que de l'ouverture de la succession ; auparavant, il
étoit propriétaire incommutable.

C'est la disposition de l'art. 309 de notre
coutume :

C'est celle du nouveau code :

« Les fruits et les intérêts des choses su-
» jettes à rapport ne sont dus *qu'à compter*
» *du jour de l'ouverture de la succession.* »
Ibid, art. 146.

VII. *Rapport du mobilier et de l'argent
comptant.*

« Le rapport du mobilier ne se fait qu'en
» moins prenant. » *Code civil, ibid, art.*
158.

« Il se fait sur le pied de la valeur du
» mobilier, *lors de la donation,* d'après

» l'état estimatif annexé à l'acte; et à dé-
» faut de cet état, d'après une estimation
» par experts à sa juste valeur et sans crue. »
Ibid.

N. B. Ces mots, *lors de la donation*, ne renfer-
ment-ils pas une légère erreur ?

Ne faudroit-il pas dire : *lors de l'ouver-*
ture de la succession? car l'héritier donataire, tenu au rapport pour venir à l'hérédité, a été propriétaire de ce mobilier,
comme des immeubles qui lui avoient été
donnés, dont vous ne l'obligez à rapporter
les fruits que du jour de l'ouverture de la
succession.

« Le rapport de l'argent donné se fait
» *en moins prenant, dans le numéraire*
» de la succession.

« En cas d'insuffisance, le donataire peut
» se dispenser de rapporter du numéraire,
» en abandonnant jusqu'à concurrence du
» mobilier, des immeubles de la succes-
» sion. » *Ibid, art.* 159.

VII°. Du paiement et de la contribution aux dettes.

La masse de la succession étant composée
Successions. 12

de l'actif apparent de l'hérédité, et des rapports qui doivent y être faits, il en faut
déduire les dettes, suivant la maxime : *Bona
intelliguntur cujusque quæ, deducto ære
alieno, supersunt.* L. 39. dig. *de verb. sig.*

« On n'entend sous la qualification de
» biens, que ce qui reste, les dettes acquit-
» tées. »

DROIT ANCIEN.

Dans un ordre de choses qui admettoit des
distinctions, des priviléges tant personnels
que réels, l'obligation de contribuer aux
dettes de l'hérédité, en proportion de l'émolument, ne pouvoit pas être rigoureuse-
ment observée.

De là le privilége de l'aîné mâle, dans les
fiefs, de jouir de son préciput et de ses
portions avantageuses, sans contribuer aux
dettes de la succession plus que ses frères et
sœurs.

Et cependant cette obligation étoit, sauf
les exceptions particulières, la base des
partages dans nos coutumes, comme dans
les pays de droit écrit.

Elle s'étendoit sur tous les représentans

à titre universel, comme donataires et légataires universels; et sous ce point, elle étoit
quelquefois plus religieusement observée
en pays de droit coutumier qu'en pays de
droit écrit.

J'en vais citer un exemple tiré de la loi
35, §. I. au dig. *de hæred. inst.*

« Un testateur institue deux héritiers;
» l'un pour ses biens de province (c'est ainsi
» que les Romains appeloient toutes les
» terres soumises à leur empire hors des
» limites de l'Italie), l'autre pour ses biens
» d'Italie, où il faisoit un commerce con-
» sidérable, et pour lesquels il avoit donné
» ordre d'acheter des marchandises qui n'é-
» toient pas payées à son décès. On demande
» en quelle proportion les dettes seront
» acquittées ? — Par moitié, répond le
» jurisconsulte; car la plus value des fonds
» doit être regardée comme un préciput. »

*Ex facto proponebatur, quidam duos
hæredes scripsisse, unum rerum provin-
cialium, alterum rerum Italicarum et cum
merces ex Italiâ devehere soleret pecu-
niam missise in provinciam ad merces
comparandas, quæ comparatæ sunt, vel
vivo eo, vel post mortem, nundum tamen*

in Italiam devectæ..... Quæsitum æris alieni onus pro quá parte agnosci debeat? Et refert Papinianus, cujus sententiam ipse probavi, pro hæreditariis partibus eos agnoscere æs alienum debere ; hoc est pro semisse; fundos enim vice preceptionis accipiendos.

Quelques – unes de nos coutumes favorisoient de semblables exceptions.

Il y en avoit où ceux qui prenoient les meubles étoient tenus des dettes mobiliaires jusqu'à concurrence de la valeur des meubles seulement.

Il y en avoit qui chargeoient les acquêts, aussi bien que les meubles, du paiement des dettes mobiliaires.

Il y en avoit qui vouloient que ceux qui succédoient du côté paternel, payassent les dettes du côté paternel, que ceux qui succédoient du côté maternel payassent les dettes du côté maternel.

Exposons les dispositions de la coutume de Paris, considérées comme le droit commun.

Comment les héritiers sont tenus des dettes de la succession?

I.

Les dettes sont déduites sur la masse de l'hérédité.

Si l'héritier se veut contenter de prendre les quatre quints des propres et abandonner les meubles, acquêts et conquêts immeubles, avec le quint desdits propres, à tous les légataires, faire le peut, *les dettes toutefois préalablement payées sur les biens de l'hérédité.* Art. 295.

La légitime est la moitié de telle part et portion que chaque enfant eût eue en la succession desdits père et mère, aïeul ou aïeule, ou autres ascendans, si lesdits père et mère, ou autre ascendant n'eussent disposé par donation entre-vifs, ou de dernière volonté, *sur le tout déduit les dettes et frais funéraux.* Art. 298.

II.

Les frais funéraux sont une dette privilégiée de la succession.

Quand l'un des conjoints nobles, demeu-

rant en la ville et faubourg de Paris, va
de vie à trépas, il est en la faculté du survivant, de prendre et accepter les meubles
étant hors la ville et faubourg de Paris, sans
fraude, auquel cas il est tenu payer *les
dettes mobiliaires, obsèques et funérailles
d'icelui trépassé*. Art. 238.

Voyez le tit. des Priviléges des créanciers.

I I I.

Nulle créance n'est réputée dette de
la succession, si elle n'est légitime.

.... Et si elle (la femme mariée) fait
aucun contrat, sans l'autorité et consentement de son mari, tel contrat est nul, tant
pour le regard d'elle que de sondit mari, *et
n'en peut être poursuivie, ni ses héritiers,
après le décès de son mari*. Art. 223.

I V.

A quelles formalités les créanciers
étoient assujétis, pour exercer leurs
droits sur la succession ?

Obligation passée par le mari, ou sentence
contre lui donnée, après le trépas dudit

mari, ne sont exécutoires sur les biens de la veuve, *ni des héritiers du défunt, avant que tels soient déclarés, et pour ce les faut appeler.* Art. 168.

Néanmoins, pour la conservation de ce qui est dû aux créanciers, peuvent être *les biens du défunt* et de la communauté, saisis et arrêtés, *commandement préalablement fait à la veuve et héritiers.* Art. 169.

V.

L'acceptation de la succession renferme l'engagement personnel d'acquitter les dettes.

.... Il fait acte d'héritier, *et s'oblige, en ce faisant, à payer les dettes du défunt....* Art. 317.

N. B. Cette obligation est commune à l'héritier pur et simple, et à l'héritier bénéficiaire, avec les distinctions résultantes de leur qualité.

V I.

Conséquence qui résulte de ce principe, quant à l'obligation personnelle des héritiers.

Les héritiers d'un défunt en pareil degré,

tant en meubles qu'immeubles, *sont tenus personnellement de payer et acquitter les dettes de la succession, chacun pour telle part et portion qu'ils sont héritiers d'icelui défunt, quand ils succèdent également.* Art. 332.

Et quand ils succèdent les uns aux meubles, acquêts et conquêts, les autres aux propres.... ils sont tenus entre eux contribuer au paiement des dettes, *chacun pour telle part et portion qu'ils en amendent....* Art. 334.

Exception en faveur des aînés en ligne directe en fiefs.

En succession collatérale, quand il y a mâles et femelles succédans en fiefs et rotures, *chacun paie pour portion de l'émolument.* Art. 335.

Et quand ils succèdent les uns aux meubles, acquêts et conquêts ; les autres aux propres, ou qu'ils sont donataires ou légataires universels, ils sont tenus entre eux contribuer eu paiement des dettes, chacun pour telle part et portion qu'ils en amendent, *en quoi ne sont compris les aînés en ligne directe, lesquels ne sont tenus des dettes personnelles en plus que les autres.*

pour le regard de leurdite aînesse. Art.
334.

VII.

Solidité de l'action hypothécaire.

..... Toutefois s'ils sont détenteurs d'héritages qui aient appartenu au défunt, lesquels aient été obligés et hypothéqués à la
dette par le défunt, *chacun des héritiers
est tenu payer le tout, sauf son recours
contre ses cohéritiers.* Art. 333.

DROIT NOUVEAU.

(1.) Les créanciers du défunt ne sont pas
obligés de faire déclarer leurs titres exécutoires contre ses héritiers, comme ils y étoient
tenus par l'article 168 de notre coutume.

« Les titres exécutoires contre le défunt,
» sont pareillement exécutoires contre l'hé-
» ritier personnellement. » *Code civil,
ibid, sect. III, art.* 167.

Et cependant il est de l'équité que les
porteurs de ces titres ne fondent pas à l'im-
proviste sur l'héritier, sans lui donner le
temps de prendre les arrangemens convenables pour pourvoir à leur paiement.

C'étoit l'objet de la loi ancienne. La nouvelle y pourvoit, en ne permettant au créancier « de poursuivre l'exécution de ses titres
» que *huit jours après la signification*
» *qu'il en aura faite au domicile ou à la*
» *personne de l'héritier.* » Ibid.

(2.) « Les cohéritiers contribuent entre
» eux au paiement des dettes et charges de
» la succession, chacun dans la proportion
» de ce qu'il y prend. » *Ibid, art.* 160.

« Le légataire universel contribue aux
» dettes avec les héritiers, au prorata de
» son émolument. » *Ibid, art.* 161.
Non le légataire particulier. *Ibid.*

« Sauf toutefois l'action hypothécaire sur
» l'immeuble légué. » *Ibid.*

.... Pour laquelle il demeure subrogé aux
droits du créancier qu'il a payé pour être
remboursé par les héritiers ou autres représentans universels du défunt. *Ibid, art.* 164.

« Les héritiers sont tenus des dettes et
» charges de la succession, *personnelle-*
» *ment pour leur part et portion virile, et*
» *hypothécairement pour le tout,* sauf leur
» recours, soit contre leurs cohéritiers, soit
» contre les légataires universels, à raison

» de la part pour laquelle ils doivent y
» contribuer. » *Ibid, art.* 163.

De là le droit de garantie du cohéritier
qui a été forcé, par l'action hypothécaire,
de payer au delà de sa part contributoire,
contre ses cohéritiers, quand même il n'auroit pas pris la précaution de se faire subro-
ger aux droits du créancier qu'il a payé,
*sauf toutefois les droits de l'héritier béné-
ficiaire, qui auroit conservé la faculté de
réclamer sa créance personnelle, comme
tout autre créancier.* Ibid, art. 165. Garantie qui s'exerce, ou par compensation, ou
par ordre d'hypothèques.

« En cas d'insolvabilité d'un des cohéri-
» tiers ou successeurs à titre universel, sa
» part (dans la contribution au rembour-
» sement de la dette hypothécaire) est ré-
» partie sur tous les autres au marc le franc. »
Ibid, art. 166.

(3.) Deux méthodes d'opérer la liquida-
tion d'une succession ; l'une consiste à déduire avant de procéder au partage, par un
remboursement effectif, la masse passive
de la masse active.

Le nouveau code autorise les cohéritiers
à exiger ce remboursement, quand les im-

meubles de la succession sont grevés de rentes ; mais lorsqu'il est impraticable, ce qui n'arrive que trop souvent, il faut avoir recours à une autre opération, en estimant l'immeuble grevé suivant sa valeur effective, déduisant de l'estimation les capitaux des rentes, et plaçant cet immeuble dans le lot de l'un des cohéritiers qui demeure *seul chargé du service de la rente, et doit en garantir ses cohéritiers.* Ibid, art. 152.

(4.) La règle *le mort saisit le vif,* confond les biens de la succession, meubles et immeubles, avec ceux de l'héritier ; le bénéfice d'inventaire les sépare ; mais il faut que cette séparation soit demandée en justice : c'est ce qu'on nomme *séparation de patrimoines,* dont nous avons parlé.

Elle peut l'être, dans tous les cas, par les cohéritiers de la succession à partager, qui ont intérêt que leurs biens personnels ne soient pas confondus avec ceux de la succession ; en butte aux poursuites de ses créanciers. *Ibid, art.* 168.

Elle peut l'être par les créanciers de l'hérédité qui ont intérêt que, par l'effet de la confusion, les biens de la succession ne soient pas exposés aux poursuites, aux hypothèques antérieures des créanciers de l'héritier. *Ibid.*

Elle ne peut l'être par les créanciers du copartageant contre les créanciers de la succession. *Ibid ; art.* 171.

Si ce n'est dans le cas d'une collusion criminelle entre leur débiteur et les créanciers de la succession, pour maintenir la confusion ; alors ils demanderont la séparation, non en leur nom, mais en celui de leur débiteur, et comme exerçant ses droits. C'est ainsi que je crois que cet article du nouveau code doit être entendu.

Elle ne peut l'être, « lorsqu'il y a eu *no-* » *vation* dans la créance contre le défunt » par l'acceptation de l'héritier pour débi- » teur. » *Ibid, art.* 169. Car alors le créancier de la succession a dérogé volontairement à son titre ; c'est ce qu'on nomme *novation.*

(5.) Dans notre ancien droit, le droit de demander la séparation de patrimoine, comme toute action personnelle, n'étoit prescriptible que par trente ans. Le nouveau code distingue la séparation mobiliaire de la séparation immobiliaire.

« (Ce droit) se prescrit, relativement

» aux meubles, par le laps de trois ans.

» A l'égard des immeubles, l'action peut
» être exercée tant qu'ils existent dans la
» main de l'héritier. » *Ibid*, *art.* 172.

(6.) « Les créanciers du copartageant,
» pour éviter que le partage ne soit fait en
» fraude de leurs droits, peuvent s'opposer
» à ce qu'il y soit procédé hors de leur
» présence. Ils ont le droit d'y intervenir *à*
» *leurs frais* ; mais ils ne peuvent attaquer
» un partage consommé, *à moins toutefois*
» *qu'il n'y ait été procédé sans eux, et*
» *au préjudice d'une opposition qu'ils y*
» *auroient formée.* » Ibid, art. 172.

VIII.

On reprend et continue les opérations
du partage depuis la composition de la
masse ; de la licitation.

Toutes les règles que nous allons exposer sont communes à notre ancien droit et
au nouveau.

(1.) « Chacun des cohéritiers peut deman-
» der sa part en nature des meubles et im-
» meubles de la succession. » *Ibid*, *art.* 116.

Exception.

« Néanmoins, s'il y a des créanciers sai-
» sissans ou opposans, ou *si la majorité*
» *des cohéritiers juge la vente néces-*
» *saire pour l'acquit des dettes et charges*
» *de la succession,* les meubles sont ven-
» dus publiquement en la forme ordinaire. »
Ibid.

N. B. Cet article est la conséquence de la société
qui se forme par la chose même, comme parlent les
lois romaines, entre ceux qui se trouvent avoir une
chose commune entre eux sans convention.

(2.) Deux espèces de partages; l'un volontaire, l'autre judiciaire.

Partage volontaire.

Si les parties sont toutes majeures (et
présentes), elles peuvent convenir que (le
partage) ou la licitation, s'il y a lieu,
seront faits devant un notaire, sur le choix
duquel elles s'accorderont. *Ibid, art.* 117.

Après que les meubles et immeubles ont
été estimés et vendus, s'il y a lieu, le juge-
commissaire renvoie les parties devant un
notaire dont elles conviennent, ou nommé
d'office, si elles ne s'accordent pas sur le
choix. *Ibid, art.* 118.

On procède devant cet officier aux comptes respectifs, à la formation de la masse, comme il a été dit ci-dessus, aux rapports, soit par prélèvement sur la masse, *en objets de même nature, qualité et bonté*, autant qu'il est possible, soit en moins prenant; enfin, à la formation des lots. *Ibid, art.* 118, 119, 120, 121, 122.

« L'inégalité des lots en nature se com-
» pense par un retour, soit en rentes, soit
» en argent. » *Ibid, art.* 123.

N. B. C'est ce qu'on appeloit, dans notre ancien droit, *soulte de partage*, qui, lorsqu'elle étoit établie en rentes, et portoit sur les immeubles, avoit la nature et l'effet d'une charge foncière.

Les lots sont faits par l'un des cohéritiers, s'ils peuvent convenir entre eux sur le choix, et si celui qui est choisi accepte la commission qui lui est déférée; sinon ils sont faits par un expert désigné par le commissaire au partage.

« Ils sont ensuite tirés au sort. » *Ibid, art.* 124.

« Avant de procéder au tirage des lots,
» chaque copartageant est admis à proposer
» ses réclamations contre leur formation. »
Ibid, art. 125.

» Les règles établies pour la division des
» masses à partager, sont également obser-
» vées dans la subdivision à faire entre les
» souches copartageantes. » *Ibid, art.* 126.

« Si dans les opérations renvoyées devant
» un notaire, il s'élève des contestations,
» le notaire dressera procès - verbal des
» difficultés et des dires respectifs des par-
» ties, les renverra devant le commissaire
» nommé pour le partage ; et au surplus,
» il sera procédé suivant les formes pres-
» crites au code de la procédure civile. »
Ibid, art. 127.

Licitation.

« Si les immeubles ne peuvent se parta-
» ger, il doit être procédé à la vente par
» licitation.... » (pareillement de deux espèces, *volontaire*, devant notaires, soit entre
les étrangers admis, soit entre les seuls cohéritiers, lorsque les parties sont majeures,
présentes, consentantes, et qu'aucun créancier opposant ne requiert la licitation *judiciaire devant le tribunal.* Ibid, art. 117.

Partage et licitation judiciaires.

« Si tous les cohéritiers ne sont pas pré-

» sens, ou s'il y a parmi eux des interdits,
» ou des mineurs, *même émancipés*, le
» partage doit se faire en justice.... S'il y
» a plusieurs mineurs qui aient des intérêts
» opposés dans le partage, il doit être donné
» à chacun d'eux un tuteur spécial. » *Ibid,*
art. 128.

« S'il y a lieu à la licitation.... *elle ne*
» *peut être faite qu'en justice, avec les*
» *formalités prescrites pour l'aliénation*
» *des biens des mineurs.* Les étrangers y
» sont toujours admis. » *Ibid, art.* 129.

N. B. J'ai observé, au titre *des Personnes,* sect.
II, n°. XVII, que dans notre ancien droit, tout
partage, toute licitation avec des mineurs n'étoit
que provisoire par sa nature, 1°. parce que tout partage renferme aliénation ; 2°. parce que le mineur
étoit restituable s'il étoit lésé, quelque peu que ce
fût, même contre les engagemens qu'il avoit contractés sous l'autorité de son tuteur, sur avis de
parens ; incertitude préjudiciable aux mineurs eux-
mêmes ; j'ai exposé les précautions prises par le nouveau code pour rendre les engagemens des mineurs
irrévocables, comme ceux des majeurs. Il en est de
même ici.

« Les partages faits conformément aux
» règles ci-dessus prescrites, soit par les
» tuteurs, avec l'autorisation du conseil de

» famil'e, soit par les mineurs émancipés,
» assistés de 'eurs curateurs, soit au nom
» des absens ou non présens, *sont définitifs.*

» Ils ne sont que provisionnels, si les
» règles prescrites n'ont pas été observées. »
Ibid, art. 130.

Autre disposition nouvelle, de toute équité.

Elle a pour objet d'écarter ces étrangers
avides qui s'empressent d'acquérir, trop
souvent à vil prix, la part d'héritiers em-
barrassés, dans le dessein de s'immiscer en
des affaires qui leur sont étrangères, et de
porter le trouble dans les familles.

« Toute personne, *même parente du*
» *défunt,* qui n'est pas son successible, et
» à laquelle un cohéritier auroit cédé son
» droit à la succession, peut être écartée
» du partage, soit par tous les cohéritiers,
» soit par un seul, *en lui remboursant le*
» *prix de la cession.* » Ibid, art. 131.

Remise des titres.

« Après le partage, remise doit être faite
» à chacun des copartag ans, des titres
» particuliers aux objets qui leur sont échus.
» Les titres d'une (même) propriété divi-

» sée (entre plusieurs) restent à celui qui a
» la plus grande part, à la charge d'en aider
» ceux de ses copartageans qui y auroient
» intérêt, quand il en sera requis.

« Les titres communs à toute l'hérédité
» sont remis à celui que tous les héritiers
» ont choisi pour en être le dépositaire;
» S'il y a difficulté sur le choix, il en sera
» réglé par le juge. »

N. B. Notre ancienne jurisprudence confioit entre plusieurs frères et sœurs, à l'aîné mâle les titres de famille et tous les actes communs.

I X.

Des effets du partage et de la garantie des lots.

« Chaque cohéritier est censé avoir suc-
» cédé seul et immédiatement à tous les
» effets compris dans son lot, ou à lui
» échus sur licitation, et n'avoir jamais eu
» la propriété des autres effets de la succes-
» sion. » *Code civil, ibid, sect. IV, art.* 173.

Tel est l'effet du partage, de fixer sur un ou plusieurs objets déterminés, le droit vague et indéterminé que les cohéritiers avoient à l'universalité de la succession ; ce que les jurisconsultes exprimoient par ces mots : *Partem in toto, et totam in qualibet parte totius.* « Une partie dans le tout, et » un droit universel sur chaque partie du » tout. »

C'est par ce motif que les lois romaines appellent le partage, tantôt une vente, tantôt un échange.

« La division des domaines tient lieu » d'achat et de vente. »

Divisionem prædiorum vicem emptionis obtinere placuit. L. 1. C. *comm. utriusque judicii tam fam. ercirsc. quam com. div.*

La licitation a évidemment l'effet d'une vente, puisque la chose indivise est convertie en argent que les cohéritiers partagent entre eux. Le simple partage participe plus de la nature de l'échange. Aussi la loi 77, §. 18 *de leg.* 2°. le définit « un échange qui » détruit l'indivision. » *Permutatio rerum discernens communionem.*

Sous l'un et l'autre point de vue, il emporte obligation aux cohéritiers de s'indemniser respectivement de toute éviction provenant d'une cause extérieure au partage ou à la licitation.

Judex familiæ erciscundæ.... curare debet ut de evictione caveatur his quibus adjudicat. L. 25 , §§. 20 et 21 , dig. *fam. ercisc.*

« Le juge chargé de faire le partage de la
» succession...... doit avoir soin qu'il soit
» garanti de l'éviction à ceux à qui il
» a juge.

» Les héritiers demeurent respectivement
» garans les uns envers les autres des trou-
» bles et évictions seulement qui procèdent
» d'une cause antérieure au partage. » *Code civil, ibid, art.* 174.

« Chacun des cohéritiers est personnelle-
» ment obligé, en proportion de sa part
» héréditaire, d'indemniser son cohéritier
» de la perte causée par l'éviction. » *Ibid, art.* 175.

« Si l'un des cohéritiers se trouve insol-
» vable, la portion dont il est tenu doit
» être également repartie entre le garanti et
» tous les cohéritiers solvables. » *Ibid.*

Exceptions.

1°. Si l'éviction a été prévue lors du partage, et que celui à qui la chose a été
donnée, se soit chargé, dans l'acte même,
de tous événemens ; comme seroit un procès

prévu lors du partage, que l'héritier, se confiant dans son droit, et désireux de l'objet sur lequel il portoit ses vues, se seroit chargé de soutenir à ses risques, périls et fortune : alors la convention déroge à la règle générale.

2°. « Si c'est par sa faute qu'il souffre » l'éviction ? » *Ibid , art.* 17.

Garantie en matière de rente ; courte prescription introduite par le nouveau code.

« La garantie de la solvabilité du débiteur » d'une rente ne peut être exercée que dans » les cinq années qui suivent le partage. » *Ibid , art.* 176.

N. B. Cette prescription semble avoir été modelée sur celle établie par nos ordonnances, notamment par l'ordonnance de 1510, art. 71, relativement aux arrérages de rentes constituées, dont le créancier ne pouvoit réclamer plus de cinq années d'arrérages ; et sur celle portée par l'ordonnance du commerce, de 1673, tit. V, art. 21, relative à la prescription des lettres et billets de change, pour raison desquels il n'étoit plus permis de faire action, après cinq années révolues, à compter du jour du protêt.

« Il n'y a lieu à la garantie, à raison de

» l'insolvabilité du débiteur, quand elle
» n'est survenue que depuis le partage con-
» sommé. » *Ibid.*

X.

De la rescision en matière de partage.

Le partage est un contrat.

Il est donc susceptible de restitution en
entier, ou, comme parlent les jurisconsultes,
de rescision (car ces deux mots sont syno-
nymes) pour dol, pour violence « suffisante pour faire impression sur un homme
constant. » *Metus cadens in constantem
virum*, disent les lois romaines. *Code civil,
ibid, sect. V, art.* 177.

Et cependant si le cohéritier qui prétend
avoir éprouvé le dol ou la violence, a ratifié
le partage, soit expressément ou tacitement,
depuis que le dol a été découvert, ou que la
violence a cessé, s'il a aliéné son lot, *en
tout ou en partie*, il n'est plus recevable à
se pourvoir en rescision par ces motifs.
Ibid, art. 182.

Le partage est une sorte de vente, dans
laquelle les deux contractans sont respectivement vendeurs et acquéreurs.

Il est donc susceptible de restitution en entier, pour lésion d'outre moitié du juste prix.

C'est un échange dont l'égalité est la base.

Par cette raison, les lois romaines permettoient à celui qui se prétendoit notablement lésé de se pourvoir en rescision.

Majoribus.... per fraudem, vel dolum, VEL PERPERAM SINE JUDICIO FACTO *divisionibus solet subveniri; quia in bonæ fidei judiciis, quod inæqualiter factum esse constiterit, in melius reformabitur.* L. 3. C. com. ut. jud.

« La loi vient au secours des majeurs,
» dans les partages faits par fraude, par
» dol, ou *mal et sans jugement;* parce que
» dans les jugemens de bonne foi, une iné-
» galité notable doit toujours être réparée. »

La loi romaine laissoit à l'arbitrage du juge, de déterminer ce qu'on devoit entendre par inégalité notable, *fait mal et sans jugement;* notre ancienne jurisprudence l'avoit fixé à une lésion du tiers au quart, terme mitoyen entre la lésion d'outre moitié, qui donnoit lieu à la rescision en faveur du vendeur, et l'égalité absolue et numérique que la faveur des partages semble exiger.

Le nouveau code adopte cette fixation, en changeant les mots; mais qu'importe, pourvu que la disposition soit la même!

« Il peut aussi y avoir lieu à rescision, » lorsqu'un des cohéritiers établit à son » préjudice une lésion *de plus du quart.* » Ibid, art. 77.

C'est ici que s'applique le principe, que tout premier acte entre cohéritiers tient lieu de partage.

« L'action en rescision est admise contre » tout acte qui a pour objet de faire cesser » l'indivision entre cohéritiers, *encore qu'il* » *fût qualifié de vente, d'échange et tran-* » *saction, ou de toute autre manière.* » Ibid, art. 178.

Il n'en seroit pas de même, si le partage avoit précédé la transaction; car ce ne seroit plus le premier acte tendant à détruire l'indivision; mais une véritable transaction sur procès *né ou à naître,* irrévocable, comme il sera dit en un autre lieu.

Ire. *Exception.* « La simple omission d'un » objet de la succession ne donne pas ou- » verture à l'action en rescision, *mais seu-* » *lement à un supplément à l'acte de par-* » *tage.* » Ibid, art. 178.

IIme. *Exception*. Une vente de droits successifs faite « *sans fraude à l'un des co-*
» *héritiers, à ses risques et périls,* par
» les autres cohéritiers, ou par l'un d'eux. »
Ibid, art. 179.

C'est le contrat que les Romains appeloient *jactus retis,* « la vente d'un coup de filet. »

N. B. Que l'article dit *à l'un des cohéritiers ;* car ce contrat seroit bien moins favorable, si la vente étoit faite à un étranger, ou même à un parent non successible. *Voyez le* n°. VIII *ci-dessus.*

« Pour juger s'il y a lésion, on estime les
» objets suivant leur valeur lors du partage. »
Ibid, art. 180.

« Le défendeur à la demande en rescision
» peut en arrêter le cours et empêcher un
» nouveau partage, en offrant et en *four-*
» *nissant* au demandeur le supplément de
» sa portion héréditaire, soit en numéraire,
» soit en nature. » *Ibid, art.* 181.

FIN DU TITRE DES SUCCESSIONS.

ANALYSE RAISONNÉE

DU

DROIT FRANÇAIS.

DES DONATIONS ENTRE-VIFS ET DES TESTAMENS.

QUAND on porte ses regards sur le corps de droit, on est effrayé de l'énorme profusion de lois, de sénatus-consultes, de réponses de jurisconsultes, érigées en lois par Justinien, de constitutions des empereurs, auxquels a donné naissance, dans le droit romain, le texte si court de la loi des douze tables. Indépendamment des titres des instituts, concernant les donations et les testamens, car ces deux matières avoient été traitées jusqu'ici séparément, sans égard pour les nombreux points de contact qu'elles ont entr'elles; de ceux épars dans le code et les novelles, trois livres entiers des pandectes ou digeste sont employés à prévenir les contestations relatives aux legs et fidéi-

commis, ou substitutions, combien multipliées par le soin même que les jurisconsultes
et les législateurs romains avoient pris de
tout prévenir, de tout régler ; comme s'il
étoit possible à l'intelligence humaine de
mettre à la cupidité un frein assez puissant pour empêcher les passions qui fer-
mentent sans cesse dans le cœur de l'homme,
d'éluder, par les ressources infinies de la
chicane, les lois les plus sages ; semblables
aux nombreux rejetons qui surgissent de
tiges parasites et vénéneuses dont le culti-
vateur s'est borné à retrancher les branches
rabougries, au lieu de les déraciner, et ne
conserver que ces arbres bienfaisans dont
les rameaux, s'étendant au loin, font jouir
ceux qui se rassemblent sous leur ombre
d'une heureuse tranquillité.

Que sera-ce, si, à ce fratras scientifique,
vous joignez les dispositions de nos coutumes, qui tantôt commentoient, tantôt
modifioient, tantôt dérogeoient à la loi
romaine, les ordonnances de nos rois, même
celles de 1731, concernant les donations,
de 1735, concernant les testamens, de 1747,
concernant les substitutions, rédigées par
les soins du profond chancelier d'Agues-

seau, et des plus savans jurisconsultes de son
temps, lumineuses par leur ensemble, mais
souvent offusquées dans les détails par l'éton-
nante précision avec laquelle cet homme
immortel, qui n'osoit enfoncer la coignée
jusqu'à la racine d'abus chers aux peuples
par leur antiquité, s'est efforcé de réunir
en un petit nombre d'articles, tout ce que
le droit romain, tout ce que nos coutumes,
tout ce que les ordonnances des prédéces-
seurs de Louis XV renferment de plus subs-
tantiel, et de décider, souvent d'un seul
mot, trop susceptible d'échapper à la saga-
cité de tout autre que de jurisconsultes con-
sommés, ces questions épineuses qui avoient
enfanté tant de volumineuses compilations?

Nos législateurs ont donc rendu un service signalé à la nation, en profitant du
calme amené par la plus violente tempête,
pour éclaircir ce labyrinthe : et, cependant,
c'est surtout aux deux objets de ce titre que
s'applique la franchise de l'aveu de l'un des
coopérateurs à ce grand œuvre, dont j'ai
rapporté les expressions dans le préambule
du titre des *Successions*, que nos nouvelles
lois positives suffisent, sans doute, pour
éclairer l'homme privé sur ses véritables

intérêts; mais qu'elles égareroient le juris-consulte et le magistrat, si la chaîne de principes puisés, même dans les lois abro-gées, ne leur servoit de commentaire.

C'est dans la vue de faciliter cette étude à ceux à qui les lois romaines et les disposi-tions de nos coutumes sont moins familières, que je crois devoir commencer, dans les premiers paragraphes de ce titre, par pré-senter à mes lecteurs une courte analyse de nos lois anciennes, tant subsistantes qu'abro-gées, sur la matière des donations et des testamens, pour passer ensuite aux dispo-sitions du nouveau code, en y ajoutant les détails que l'esquisse générale que je me serai efforcé de tracer n'aura pas renfermés.

SECTION PREMIÈRE.

Des donations entre-vifs et testamentaires en général.

DROIT ANCIEN.

Donner, c'est disposer gratuitement de ce qui nous appartient, sans y être contraint par le droit d'autrui.

Cette définition comprend les donations entre-vifs et les dispositions à cause de mort. *Donatio est cùm nullo jure cogente conceditur. L.* 29*, de* dig. *don.*

De la différence de ces deux espèces de libéralités dérivent les principes particuliers à chacune d'elles.

Donner entre-vifs, c'est préférer son donataire à soi-même; ce qui ne recevoit, dans notre ancien droit, d'autre limite que la légitime des enfans du donateur. « Don- » ner en cause de mort, c'est se préférer » à son donataire; mais préférer son do- » nataire à son héritier. » *Cùm quis se magis vult habere, quàm eum cui donat, magis eum cui donat quàm hæredem suum.* Inst. *de don.* §. 2.

Tout acte qui renferme ce caractère est une disposition testamentaire assujétie aux formalités prescrites par les lois, qui ne peut s'étendre, en quelque forme qu'elle soit conçue, au delà des bornes que la loi a imposées à la faculté de tester. Telle étoit, dans notre ancien droit, la disposition formelle de l'article premier de l'ordonnance de 1731, qui, écartant les subtilités de l'école, avoit rappelé les donations à leurs vrais prin-

cipes ; « en sorte (dit cet article) qu'il n'y
» aura à l'avenir, dans nos états, que deux
» formes de disposer de ses biens à titre
» gratuit, dont l'une sera celle des dona-
» tions entre-vifs, et l'autre celle des testa-
» mens et codicilles. »

On appelle codicille, du mot latin *codex*, *feuille, cahier,* tout acte testamentaire, par lequel le testateur ajoute, révoque, ou change quelques dispositions de son testament, autres que l'institution d'héritier, qui est dans les lois romaines, la base et le caractère distinctif du testament. Nous en parlerons en un autre lieu.

Celui qui voit le tombeau s'ouvrir sous ses pas, est présumé de droit déterminé par l'idée d'une mort prochaine, dans la disposition de biens dont il n'espère plus jouir. Ainsi, pour nous servir de l'expression de l'art. 277 de notre coutume, *les donations faites par personnes gissantes au lit, malades de la maladie dont elles décèdent, sont réputées faites à cause de mort et non entre - vifs,* en quelques termes qu'elles soient conçues.

La donation entre-vifs est un contrat par lequel le donateur se dépouille de la pleine propriété, de l'usufruit, ou de la nue propriété de la chose donnée, en faveur d'un donataire acceptant, qui se soumet aux conditions imposées par le donateur.

Tout contrat suppose le concours des volontés des deux parties. Par ce motif, notre ancien droit exigeoit que l'acceptation des donations fût contenue dans l'acte même, émanée du donataire ou de son fondé de procuration spéciale annexée à la minute de l'acte.

Si un étranger, dans le dessein de rendre service à un ami, acceptoit la libéralité en son nom, se portant fort du consentement de son ami, ce que les lois romaines appellent *negotiorum gestio*, la donation n'étoit pas nulle; mais elle n'avoit d'effet que du jour de la ratification par le donataire. *Ordonnance de* 1751, *art.* 3 *et suiv.*

Nos lois ayant mis les mineurs dans l'incapacité de contracter sans l'assistance de leurs tuteurs, ils n'avoient pas, parmi nous, le caractère légal, nécessaire pour accepter les donations entre-vifs et se soumettre aux charges imposées par le donateur. Il n'en étoit pas ainsi dans les pays de droit écrit, comme nous l'avons observé au titre des

Personnes ; car le mineur parvenu à la puberté, avoit, dans ces provinces, toute capacité de contracter, sauf la restitution en entier qui lui étoit accordée, non comme mineur, mais en tant qu'il étoit lésé ; ainsi qu'il a été dit au titre des *Personnes*.

Le tuteur pouvoit, dans tous les cas, faire le bien de ses mineurs. Les ascendans le pouvoient pour leurs descendans, même lorsqu'ils n'étoient pas tuteurs, *Ordonnance de 1731, art. 7* ; et cependant, si les conditions imposées par le donateur étoient onéreuses au mineur, il lui restoit le remède des lettres de rescision, dans les dix années de la majorité, lors même que l'acceptation avoit été faite par l'avis de la famille assemblée.

Celui qui donne peut imposer telles conditions qu'il veut à sa libéralité, pourvu qu'elles ne soient contraires ni aux lois, ni aux bonnes mœurs, ni à l'essence des dispositions qu'elles modifient ; tel seroit le droit qu'un donateur entre-vifs se réserveroit de grever les biens donnés, des dettes qu'il pourroit contracter postérieurement à la donation ; car une telle réserve seroit contraire à la tradition essentielle à cet acte ; le donateur pouvant, par ce moyen, le rendre illusoire. Il eût donc fallu ou déclarer nulle la réserve, ou déclarer nul le contrat, comme ne présentant qu'une disposition à cause de mort, déguisée sous la forme d'une donation entre-vifs. Le premier parti étoit impraticable, par l'indivisibilité du contrat de la condition que le donateur avoit droit d'imposer ; restoit le second. De telles donations étoient déclarées nulles, comme dépendantes d'événemens facultatifs qui ne pouvoient être vérifiés qu'à la mort du donateur.

Par une conséquence de ces principes, les donations universelles de biens présens et à venir étoient nulles, même pour les biens présens ; car la quotité des biens donnés ne pouvant, dans ce cas, être vérifiée qu'au décès du donateur, et les biens étant de droit assujétis aux dettes du propriétaire, suivant la maxime, *bona non dicuntur, nisi deducto œre alieno.* « On » appelle biens que ce qui reste, les dettes » déduites. » L'étendue même de ces libéralités transformoit ces donations en dispositions testamentaires. *Ordon. de 1731, art. 15 et suiv.*

Il en étoit de même de toute donation de meubles ou d'effets mobiliers, qui ne renfermoit pas tradition actuelle, ou dont la quotité n'étoit pas assurée par un état annexé à l'acte de donation. *Ordon. Ibid.*

Le seul contrat de mariage étoit excepté de ces règles, par l'art. 17 de la même ordonnance, comme susceptible de toutes conventions qui ne sont pas contraires aux bonnes mœurs.

Tous ces principes sont renfermés énergiquement dans ce peu de mots de l'art. 273 de notre coutume, *donner et retenir ne vaut.*

Ce c'est pas contrevenir à cette maxime, comme l'explique l'art. 275, de donner avec rétention d'usufruit; car ces donations renferment une tradition réelle de la propriété, le donateur qui jouissoit auparavant « à titre » de propriétaire, » *animo domini,* qui avoit le droit de prescrire, ne jouissant plus, de l'instant de la donation, qu'en vertu de la condition qu'il avoit imposée à sa libéralité, au nom de son donataire, qui prescrivoit par la possession même du donateur réduit à l'usufruit.

L'irrévocabilité des donations entre - vifs

est une conséquence des mêmes principes;
car tout contrat est , par sa nature, irrévocable , sans le consentement des deux parties contractantes.

Cependant cette règle admettoit trois exceptions dans les donations entre-vifs.

La première de la légitime des enfans.
Cette exception , qui est la conséquence de
cette maxime , que les donations faites par
les ascendans à leurs descendans sont censées en avancement d'hoirie , avoit été
étendue par la loi, *scimus* 36 *C. de inofficioso testamento,* aux donations faites aux
étrangers , disposition appliquée à notre
usage par l'art. 34 de l'ordonnance de 1731.

« Si les biens (porte cet article) que le
» donateur aura laissés en mourant , sans
» en avoir disposé , ou sans l'avoir fait
» autrement que par des dispositions de
» dernière volonté , ne suffisent pour four-
» nir la légitime des enfans, *eu égard à la*
» *totalité des biens compris dans les do-*
» *nations entre-vifs par lui faites , et de*
» *ceux qui n'y sont pas renfermés ,* la lé-
» gitime sera prise *premièrement sur la*
» *dernière donation, et ensuite subsidiai-*
» *rement sur les autres , en remontant*

» *des dernières aux premières....* » C'est ainsi que la loi concilioit, autant qu'il étoit possible, l'irrévocabilité des donations entre-vifs avec le retranchement que la nature prescrit de libéralités indiscrètes, par lesquelles les ascendans auroient épuisé leur fortune, au préjudice de leurs descendans.

La deuxième exception avoit pour objet de punir l'ingratitude du donataire; mais les causes en étoient limitées par la loi 10, *cod. de revocandis donationibus*, dont notre jurisprudence avoit adopté les principes. Cette révocation n'étoit pas de droit. Si le donateur négligeoit d'intenter l'action en révocation dans les cinq années, il étoit censé avoir remis l'injure; s'il ne prouvoit pas les faits d'ingratitude, il étoit puni comme calomniateur; enfin, la donation n'étoit révoquée qu'en connoissance de cause, en vertu d'un jugement.

La troisième exception étoit la survenance d'enfans du donateur. Cette cause de révocation est fondée sur la présomption légale que celui qui s'est dépouillé, lorsqu'il ne connoissoit pas l'affection paternelle, n'eût pas donné, s'il eût espéré transmettre ses biens à sa postérité. La loi 8, *cod.*

de inoffic. test., ne l'avoit introduite que dans les donations faites par les patrons à leurs affranchis ; mais notre jurisprudence et l'art 39 de l'ordonnance de 1731 l'avoient étendue à toutes les donations indistinctement *faites par des personnes qui n'avoient point d'enfans ou de descendans actuellement vivans dans le temps de la donation. ... même aux donations qui auroient été faites en faveur de mariage par autres que par les conjoints ou leurs ascendans*, et cette révocation avoit lieu de plein droit, sans qu'il fût nécessaire d'en former la demande ; jusque-là même que la donation ainsi révoquée ne reprenoit pas sa force, par le décès des enfans ; *quidquid*, dit la loi, *largitus fuerat revertatur in ejusdem donatoris arbitrio et ditione mansurum.* « Tout ce qui a été donné rentrera dans le » domaine du donateur, pour en disposer » à sa volonté. » La naissance d'un posthume, après le décès du donateur, la légitimation, par mariage subséquent, d'enfans nés avant la donation, produisoient le même effet. *Ordonn. de 1731. Ibid.*

L'égalité que notre coutume exige entre les descendans héritiers de leurs ascendans, les assujétissoit à rapporter, en venant à la succession, les biens qui leur avoient été donnés par leurs ascendans ; mais cette disposition de l'art. 304 de notre coutume ne donnoit pas atteinte à l'irrévocabilité des donations entre-vifs ; car l'art. 307 autorisoit les enfans à conserver les donations qui leur ont été faites, en renonçant à la succession.

Les lois romaines, admettant la preuve testimoniale de tous les contrats, n'exigeoient pas que les donations entre-vifs fussent écrites, *perficiuntur, cum donator suam volontatem scriptis aut sine scriptis manifestaverit.* « Elles doivent avoir leur » exécution, toutes les fois que le donateur » a déclaré sa volonté ou verbalement, ou » par écrit. » *Inst. de don.* §. II. Cette règle n'avoit lieu, parmi nous, que pour les donations de meubles avec tradition actuelle, par une conséquence de cette maxime : que les meubles appartiennent à ceux en la possession desquels ils se trouvent ; mais toutes autres donations entre-vifs étoient nulles, si elles n'étoient passées devant notaires, et qu'il n'en restât minute ; autrement, il eût été au pouvoir du donateur d'anéantir la donation, par la soustraction de l'acte qui la renfermoit ; plus d'irrévocabilité. *Ordonn. de* 1731, *art.* 2.

Non-seulement les donations entre-vifs devoient être authentiques, mais il étoit de leur essence que la tradition fût publique ; sans cette précaution, il eût été facile au donateur demeuré en possession des biens donnés, en vertu de la rétention d'usufruit, de tromper ses *créanciers,* en hypothéquant des biens dont il se fût déjà dépouillé ; il eût pu même les vendre à des tiers, et en tirer un prix illégitime.

Pour prévenir ces fraudes, les lois avoient établi la formalité de l'insinuation, c'est-à-dire, du dépôt des donations entre-vifs, dans des registres publics, suppléé aujourd'hui par les bureaux d'enregistrement, qui produisent le même effet.

Quoique les lois romaines autorisassent, comme nous l'avons dit, les donations verbales, une constitution de l'empereur Constantin, la loi 25, *C. de don.* déclaroit nulles les donations, soit entre-vifs, soit à cause de mort, qui, excédant la valeur de 200 deniers romains, n'auroient pas été rendues publiques par l'insinuation, pendant la vie du donateur. Une loi de Théodose exceptoit de cette règle les donations par contrat de mariage, *L. ult. de sponsal. in Cod. Théod.* Justinien avoit autorisé par le §. III, *Inst. de don.* et par la loi 4, *C. Ibid.* les donations entre-vifs non insinuées, jusqu'à 500 deniers romains et au-dessous; il avoit dispensé de cette formalité les donations à cause de mort, et fait plusieurs changemens à ce droit par les lois du code et par les novelles.

La nécessité de l'insinuation fut inconnue parmi nous jusqu'à l'ordonnance de 1539, art. 132, qui assujétit indistinctement à cette formalité, *toutes les donations faites en présence des donataires et par eux acceptées*, ce qui caractérise les donations entre-vifs.

L'art. 58 de l'ordonnance de Moulins, et la déclaration du 10 juillet 1566, prescrivirent l'insinuation des donations entre-vifs, à peine de nullité; cependant la coutume de Paris, réformée en 1580, n'avoit d'autre disposition sur l'insinuation, que l'art. 284, qui exigeoit l'insinuation du don mutuel entre conjoints, dont nous parlerons ci-après. La déclaration du mois de mai 1645, celle du 17 novembre 1690, avoient renouvelé les dispositions de l'ordonnance de Moulins ; enfin, l'ordonnance de 1731 renfermoit, sur cet objet, des dispositions plus étendues que toutes les lois antérieures.

Toutes donations entre-vifs, même faites par contrat de mariage, autres qu'en ligne directe, par les ascendans à leurs descendans, étoient assujéties à l'insinuation, c'est-à-dire, à la transcription de l'acte entier de donation, dans les greffes des bailliages et sénéchaussées ressortissantes nûment dans les cours, tant du domicile du donateur, que de la situation des biens donnés.

Le délai de quatre mois, accordé au donataire par les lois anciennes pour remplir cette formalité, étoit conservé ; la mort même du donateur ne pouvoit mettre obstacle à l'insinuation, dans le temps fixé par la loi ; et lorsque la donation étoit insinuée dans les quatre mois, elle avoit sa pleine exécution, même au préjudice des tiers acquéreurs et des créanciers intermédiaires. Mais ce délai n'étoit pas fatal ; la donation pouvoit être insinuée après les quatre mois, et pendant toute la vie du donateur, sauf le droit des tiers. Enfin le défaut d'insinuation, pendant la vie du donateur, emportoit une nullité radicale qui pouvoit être opposée par tous ceux qui y avoient intérêt, dont le mineur même n'étoit pas relevé; tel est le précis des dispositions des articles 19 et suivans de l'ordonnance de 1731.

Il n'en étoit pas ainsi de l'insinuation des dispositions testamentaires. Comme cette formalité n'avoit d'autre objet que d'assurer le paiement de l'impôt du centième denier de la valeur des biens donnés, établi en faveur du fisc, la peine du défaut d'insinuation de ces dispositions, dans les quatre mois de leur date, n'étoit pas la nullité; mais le paiement du double ou du triple droit que les préposés étoient autorisés à exiger.

Ces deux peines ne pouvoient être cumulées. Les préposés à la perception du centième denier n'avoient aucune action pour forcer le donataire entre-vifs à faire insinuer la donation et exiger les droits; ils ne pouvoient s'opposer à ce que le donataire, dégoûté de l'objet donné, laissât évanouir la libéralité qui lui avoit été faite.

Rapprochons de cette analyse les dispositions de notre coutume, qui renfermoient une partie de ces principes.

I.

La donation entre-vifs suppose une abdication actuelle de la propriété ou de l'usufruit de la chose donnée, ou de l'un et de l'autre ensemble.

Il est loisible... donner et disposer par dispositions faites entre-vifs.... *Art.* 272.

I I.

Disposition des malades.

Toutes donations, encore qu'elles soient conçues entre-vifs, faites par des personnes gissantes au lit, malades de la maladie dont elles décèdent, sont réputées faites à cause de mort et testamentaires, et non entre-vifs. *Art.* 277.

N. B. Cette disposition de notre coutume est tirée de l'article 131 de l'ordonnance de 1539.

I I I.

Donner et retenir ne vaut ; ce que c'est ?

Donner et retenir ne vaut. *Art.* 273.

C'est donner et retenir, quand le donateur se réserve la puissance de disposer librement de la chose par lui donnée, ou qu'il demeure en possession, jusqu'au jour de son décès. *Art.* 274.

Ce n'est donner et retenir, quand l'on donne la propriété, retenu à soi l'usufruit, à vie ou à temps, ou quand il y a clause de *constitut* ou *précaire*, et vaut telle donation. *Art.* 275.

N. B. Par la première de ces clauses, le donateur constitue le donataire son fondé de pouvoir pour jouir en son nom; par la seconde, le donateur déclare qu'il ne possède que *précairement*, au nom du donataire, véritable propriétaire; ainsi le donateur ne demeure pas en possession, *pour lui-même*, mais pour son donataire.

I V.

Insinuation des donations entre-vifs.

Un don mutuel.... pour être valable, doit être insinué dans les quatre mois du jour du contrat.... *Art.* 284.

N. B. 1°. Cet article est, comme nous l'avons observé dans le préambule de ce Titre, le seul de notre coutume, qui fasse mention de l'insinuation des donations entre-vifs.

2°. Ce délai n'étoit pas tellement de rigueur, que le don mutuel ne pût être insinué pendant toute la vie des deux conjoints, respectivement donateurs ; mais le mari survivant n'en pouvoit profiter, si la femme décédoit après les quatre mois, sans que le don mutuel eut été insinué. Il n'en étoit pas ainsi dans le cas de prédécès du mari ; la femme étant sous son autorité, il n'eut pas été juste qu'il pût faire évanouir le don mutuel par sa négligence. La femme avoit donc quatre mois, depuis le décès du mari, pour faire insinuer le don mutuel. Ces règles étoient établies par une jurisprudence constante ; elles avoient lieu de même dans les donations mutuelles, par contrat de mariage.

V.

Les donations faites par pères, mères et autres ascendans à leurs descendans, sont censées en avancement d'hoirie.

Meubles ou immeubles, donnés par père ou mère à leurs enfans, sont réputés donnés en avancement d'hoirie. *Art.* 278.

Conséquences de ce principe.

1°. Ces donations étoient exemptes de droits seigneuriaux. *Art.* 26 *et* 33.

2°. Elles n'entroient pas en communauté.

3°. Elles étoient sujettes à rapport ou imputation, et à réduction pour la légitime et le douaire des enfans.

Celui qui veut avoir le douaire doit rendre et restituer ce qu'il a reçu en mariage et autres avantanges de son père, ou moins prendre sur le douaire. *Art.* 252.

Les enfans *venans à la succession* de père ou mère, doivent rapporter ce qui leur a été donné, pour, avec les autres biens de la succession, être mis en partage entr'eux, ou moins prendre. *Art.* 304.

Néanmoins où celui auquel on auroit donné se voudroit tenir à son don, faire le peut, en s'abstenant de l'hérédité, la légitime réservée aux autres enfans. *Art.* 307.

N. B. Le père ne pouvant hypothéquer ses biens, ni en disposer à titre onéreux, au préjudice du douaire propre à ses enfans (art. 249), ne pouvoit, à plus forte raison, donner atteinte à ce droit, par des dispositions entre-vifs, à titre gratuit.

4°. Droit de retour en faveur des donateurs.

Toutefois succèdent aux choses données par eux à leurs enfans et descendans d'eux. *Art.* 313.

Voyez le titre des Successions.

VI.

Qui pouvoit donner, et à qui?
Age requis pour donner entre-vifs,
suivant les diverses espèces de biens.

Il est loisible à toute personne *âgée de
vingt-cinq ans accomplis* (époque de la
majorité dans notre ancien droit) *et saine
d'entendement*, de donner et disposer, par
donation et disposition faite entre-vifs, de
tous ses *meubles et héritages, propres,
acquêts et conquêts*, à personne capable;
et néanmoins *celui qui se marie, ou qui a
obtenu bénéfice d'âge entériné en justice*,
peut, *ayant l'âge de vingt ans accomplis*,
disposer de ses meubles. *Art.* 272.

VII.

Des mineurs et autres personnes en
puissance d'autrui.

Les mineurs et autres personnes en puissance d'autrui ne peuvent donner..... *directement ou indirectement*, au profit de leurs
tuteurs, curateurs, pédagogues et autres
administrateurs, pendant le temps de leur

administration, et jusqu'à ce qu'ils aient rendu compte ; *peuvent toutefois disposer au profit de leurs père, mère, aïeul ou aïeule, ou autres ascendans, encore qu'ils soient de la qualité susdite ; pourvu que.... lesdits père, mère et autres ascendans ne soient remariés.* Art. 276.

Voyez le titre *des Personnes.*

VIII.

Des ascendans, au profit de leurs descendans héritiers.

Père et mère ne peuvent, par donation faite entre-vifs..... en manière quelconque, avantager leurs enfans *venans à leur succession,* l'un plus que l'autre. *Art.* 303.

N. B. C'est-à-dire, qu'ils ne pouvoient faire que l'enfant donataire conservât le droit de venir à leur succession, sans être tenu de rapporter l'objet donné, ce qui ne portoit pas atteinte à l'irrévocabilité de la donation entre-vifs, puisque l'enfant donataire conservoit les biens donnés en renonçant à son don (art. 307); sauf toutefois la légitime des autres enfans. *Voyez le Titre des Successions.*

IX.

Les enfans de ceux qui étoient incapables de recevoir, étoient compris dans la prohibition.

Les mineurs ne peuvent donner..... au profit de leurs tuteurs, curateurs, ou autres administrateurs, ou *aux enfans desdits administrateurs*. Art. 276.

Ne peuvent lesdits conjoints donner *aux enfans l'un de l'autre* d'un premier mariage, au cas qu'ils, ou l'un d'eux ait enfans. *Art.* 283.

..... Ce qui a été donné *aux enfans* de ceux qui sont héritiers et viennent à la succession de leurs père, mère, ou autres ascendans, est sujet à rapport, ou moins prendre, comme dessus. *Art.* 306.

X.

Quels biens on pouvoit donner ?

Tous ses biens meubles, acquêts et propres, lorsqu'on avoit l'âge requis par la coutume.

X I.

Le mari pouvoit donner les conquêts de la communauté.

Le mari est seigneur des meubles et conquêts immeubles par lui faits durant et constant le mariage de lui et de sa femme, en telle manière qu'il.... peut.... en faire et disposer, *par donation ou autre disposition faite entre-vifs;* à son plaisir et volonté, sans le consentement de sadite femme, à personne capable et sans fraude. *Art.* 225.

X I I.

Interdiction résultante de l'édit des secondes noces, et de l'article 279 de la coutume.

Nous en parlerons en un autre lieu.

§. I I.

Des lois relatives à la prohibition de se donner ou s'avantager entre conjoints par mariage, tant dans le droit romain que dans nos coutumes ; et des deux espèces de don mutuel, reconnues par la coutume de Paris.

DROIT ANCIEN.

Ces lois forment, dans notre ancien droit, comme une sorte d'intermédiaire entre les principes des donations entre-vifs et ceux des donations testamentaires.

Rien ne semble plus conforme à la nature que la liberté indéfinie des libéralités entre conjoints par mariage.

Si l'affection, les services rendus ou espérés, sont les motifs de toutes les libéralités que les hommes exercent les uns envers les autres, comment limiter la faculté de disposer, animée par l'affection la plus pure, la plus durable, gravée dans le cœur de l'homme par la main du créateur, conforme au vœu de la nature et de la loi ! Quelles bornes assigner à des dispositions qui ten-

dent à réunir dans une même main les facultés de deux êtres qui ne forment, suivant le
langage de nos livres saints, qu'une même
chair !

Et cependant les motifs qui avoient déterminé les législateurs romains qui, les premiers, introduisirent dans notre ancien
droit ce genre de prohibitions, renfermées
dans les termes de ces lois, sont si moraux;
ils supposent une connoissance si approfon-
die du cœur humain et des événemens trop
ordinaires de la vie civile, qu'il seroit absurde de les repousser sans examen.

« Il est reçu dans nos mœurs (dit le
» jurisconsulte Vulpian) de repousser les
» donations faites entre mari et femme; et
» cela, dans la crainte que l'excès de la
» passion ne détermine les époux à se dé-
» pouiller l'un l'autre par des libéralités sans
» bornes, par une profusion et une condes-
» cendance illimitée. »

*Moribus apud nos receptum est, ne inter
virum et uxorem donationes valerent.
Hoc autem receptum est, ne mutuo amore
invicem spoliarentur, donationibus non
temperantes, sed profusá erga se facili-
tate.* L. 1. dig. *de don. inter vir. et uxor.*

A ce motif, le jurisconsulte Paul ajoute :
« Qu'il seroit à craindre que l'amour et
» les soins que les père et mère doivent à
» leurs enfans ne s'affoiblissent par cette
» convoitise. Sextus Cœcilius : Qu'il résul-
» teroit souvent de cette liberté indéfi-
» nie, la discorde dans le ménage, si celui
» qui pourroit donner s'y refusoit ; et qu'ainsi
» le saint nœud du mariage seroit converti
» en un honteux trafic. »

Nec esset eis studium liberos potius edu-
candi ; Sextus Cœcilius et illam causam
adjiciebat : quia sæpe futurum esset ut
discuterentur matrimonia, si non donaret
is qui posset : atque eâ ratione eventurum
ut venalia essent matrimonia. Ibid, L. 2.

« Enfin, au rapport de Vulpian, notre
» empereur (le pieux) Antonin, entre tous
» ces motifs en choisit un ; car il s'exprime
» ainsi : Nos ancêtres prohibèrent les dona-
» tions entre le mari et la femme, ne con-
» sidérant d'amour honnête que celui qui,
» résidant dans les cœurs, est pleinement
» désintéressé ; portant ses vues jusque
» sur la renommée des conjoints par ma-
» riage, afin que la concorde ne parût pas
» achetée à prix d'argent ; que le meilleur

» ne tombât pas dans la pauvreté ; tandis
» que le moindre, par son avidité, s'enri-
» chiroit. »

*Hæc ratio et oratione imperatoris nostri
Antonini Augusti electa est ; nam ita aït :
majores nostri inter virum et uxorem donationes prohibuerunt amorem honestum
solis animis æstimantes, famæ etiam con-
junctorum consulentes, ne concordia præ-
tio conciliari videretur, neve melior in
paupertatem incideret, deterior ditior fieret.*
L. 3. *Ibid.*

Et cependant les donations entre conjoints n'étoient pas nulles dans le droit
romain, mais seulement révocables à la
volonté du donateur, comme donations à
cause de mort. La loi 10, au même titre,
en dit la raison, plus subtile peut-être que
solide, « qu'une telle donation se reporte à
» un temps auquel l'homme et la femme
» cessent d'être époux. »

*Quia in hoc tempus excurrit donatio
quo vir et uxor esse desinent.*

Comme si les motifs de séduction et d'empire de l'un des conjoints sur l'autre, n'é-
toient pas plus puissans dans les testamens
que dans les donations entre-vifs ; comme

s'il n'étoit pas dans la nature de l'homme de se dépouiller plus difficilement de son vivant, qu'après sa mort !

Dans ce choc de motifs pour adopter ou repousser la faculté accordée aux conjoints de s'avantager l'un l'autre, nos lois anciennes et la jurisprudence s'étoient étrangement partagées.

Les parlemens de droit écrit, autorisés par la loi 19 au code *legatis*, jugeoient valables toutes dispositions testamentaires des conjoints au profit l'un de l'autre, même l'institution d'héritier.

Dans nos coutumes, un petit nombre seulement avoient suivi les dispositions du droit romain.

Le plus grand adoptoit la prohibition absolue, contenue en l'art. 282 de la coutume de Paris.

« Homme et femme conjoints par mariage,
» constant icelui, ne se peuvent avantager
» l'un l'autre *par donation entre-vifs, par*
» *testament ou ordonnance de dernière*
» *volonté*, directement, ni indirectement,
» en quelque manière que ce soit.... »

Et néanmoins cette loi rigoureuse recevoit deux exceptions relatives aux meubles et fruits de la collaboration réciproque des deux époux; l'une en faveur des père et mère mariant leurs enfans, contenue dans l'art. 281 :

> « Père et mère, *mariant leurs enfans,*
> » peuvent convenir que leursdits enfans
> » laisseront jouir le survivant de leursdits
> » père et mère *des meubles et conquêts*
> » *immeubles du prédécédé, sa vie durant*
> » *seulement,* pourvu qu'ils ne se rema-
> » rient.... »

Cette disposition de la coutume est si claire, que cet article donnoit lieu à peu de procès. Cette convention étoit devenue comme de style dans les contrats de mariage. Les notaires y joignoient souvent ces mots : *et propres;* mais les parties qui faisoient une telle stipulation excédoient leur pouvoir; et toutes les fois que les enfans mariés se refusoient à l'exécution, la stipulation étoit réduite aux seuls effets disponibles entre conjoints, la jouissance des meubles et conquêts immeubles.

La deuxième exception étoit plus épineuse; c'est celle qu'on nommoit proprement *don mutuel,* à défaut d'enfans.

L'article 280 de notre coutume est conçu en ces termes :

« Homme et femme conjoints par ma-
» riage, *étant en santé*, peuvent et leur loit
» faire *donation mutuelle* l'un à l'autre *éga-*
» *lement*, de tous leurs biens, meubles et
» conquêts immeubles, faits durant et cons-
» tant leurdit mariage, et qui se sont trouvés
» à eux appartenir et être communs entre
» eux à l'heure du trépas du premier mou-
» rant desdits conjoints, *pour en jouir par*
» *le survivant d'iceux conjoints sa vie*
» *durant seulement*, en baillant caution
» suffisante de restituer lesdits biens après
» son trépas, *pourvu* qu'il n'y ait d'enfans,
» soit des deux conjoints, ou de l'un des
» deux, lors du décès du premier mou-
» rant. »

On voit, par la disposition de l'article de la coutume, qu'une telle stipulation étoit moins considérée comme une libéralité, que comme une sorte d'échange du droit réciproque des conjoints aux effets de leur communauté, du nombre de ces contrats que les lois romaines nommoient *do ut des* : « Je donne afin que tu donnes » raison pour laquelle, lorsque les ordonnances de

Successions. — Donations, etc. 16

nos rois, notamment celle de 1731, ont voulu assujétir les donations mutuelles aux formalités des donations entre-vifs, elles ont eu soin de les dénommer expressément.

Et néanmoins les entraves de la chicane s'étoient multipliées à un tel point, que ce seul objet est la matière d'un traité entier de l'un de nos plus célèbres jurisconsultes, (Ricard).

La conciliation de la loi prohibitive de tout avantage entre conjoints, avec la faculté qui leur étoit accordée de disposer au profit l'un de l'autre par don mutuel, aux conditions portées par la coutume, étoit la source de ces procès. J'en ai présenté un exemple, au titre des *Choses,* relativement aux rentes viagères acquises par les conjoints pendant la communauté.

Quoique ce droit soit aboli par le nouveau code, comme je n'ai pu me dispenser d'en parler souvent dans le cours de cet ouvrage, qu'il est nécessaire de le connoître pour apprécier les moyens par lesquels le nouveau code l'a remplacé, et qu'il tient, au moins par sa dénomination, et par quelques-unes de ses formalités, à la matière des donations entre-vifs, j'ai cette confiance

qu'on me permettra de recueillir, dans quelques articles, les principes de notre ancien
droit sur cette matière.

I.

Le don mutuel est une exception à
la prohibition de s'avantager entre conjoints.

Homme et femme conjoints par mariage,
constant icelui, ne peuvent s'avantager l'un
l'autre, par donation faite entre-vifs, par
testament, ou ordonnance de dernière volonté, ne autrement, directement, ne indirectement, en quelque manière que ce soit,
sinon par don mutuel.... Art. 282.

.... Et n'est réputé tel accord avantage
entre lesdits conjoints. *Art.* 281.

I I.

Des deux espèces de don mutuel;
en cas d'enfans, par une convention
dans leur contrat de mariage, et *du
don mutuel proprement dit,* que deux
conjoints, *sans enfans,* se faisoient l'un

à l'autre de l'usufruit de leurs meubles et conquêts immeubles.

Voyez ci-dessus les articles 280 et 281 de notre coutume, rapportés dans le préambule de ce paragraphe.

III.

Le don mutuel ne saisit.

Un don mutuel de soi ne saisit ; *ains* (mais) *est sujet à délivrance.* Art. 284.

IV.

Concurrence du don mutuel et du douaire.

La femme douée de douaire préfix d'une somme de deniers pour une fois, ou d'une rente, si durant le mariage est fait don mutuel, jouit après le trépas de son mari, par usufruit, de la part des meubles et conquêts de sondit mari, et sur le surplus des biens dudit mari, prend son douaire, sans aucune diminution ni confusion. *Art.* 257. *Voyez* le titre *du douaire* ci-dessus.

V.

Première condition ; la santé des conjoints.

Homme et femme conjoints par mariage , *étant en santé*... Art. 280.

N. B. Quelques coutumes, comme celle de Nivernois, ch. 23, art. 27, exigeoient une égalité entière,
non-seulemement dans les contributions respectives ,
mais dans l'âge même des parties. Notre coutume ne
porte pas jusque-là la rigueur, parce que la mort
moissonne les jeunes comme les vieux ; mais si les
deux conjoints ou l'un d'eux étoit malade, à l'époque
du don mutuel, et qu'il décédât de cette même
maladie, ce ne seroit plus une disposition entre-
vifs ; le don mutuel eût été déclaré nul.

V I.

Seconde condition ; égalité dans les avantages.

Peuvent et leur loit faire donation mutuelle, l'un à l'autre , *également*... Ibid.

N. B. La coutume suppose que le don mutuel est
*de tous les biens meubles et conquêts immeubles ,
faits durant et constant leur mariage* , et tel
étoit ordinairement le don mutuel. Limité à la

moitié, aux deux tiers, ou autre partie des effets de la communauté, eut-il été nul ? je ne me souviens pas d'avoir vu agiter cette question. Il ne semble pas qu'on eût pu le prétendre, pourvu qu'il y eût égalité.

C'étoient l'égalité et la réciprocité, qui tiroient le don mutuel de la classe des libéralités prohibées entre conjoints ; elles devoient donc se rencontrer dans les conditions apposées au don mutuel, comme dans la valeur de l'objet donné.

VII.

Troisième condition ; qu'il n'y ait enfans.

... Pourvu qu'il n'y ait enfans, soit des deux conjoints, ou de l'un des deux, lors du décès du premier mourant... Ibid.

N. B. La survenance d'enfans qui annulle, même les donations entre — vifs, lorsqu'elles ont été faites par des donateurs qui n'avoient pas d'enfans, à l'époque de la donation, annulloit, à plus forte raison, le don mutuel.

VIII.

Quatrième condition ; insinuation, après laquelle le don mutuel étoit irrévocable, sinon du consentement des deux parties.

Un don mutuel... pour être valable, doit

être insinué dans les quatre mois du jour du contrat, et l'insinuation faite *par l'un d'eux vaut pour tous deux….. après laquelle insinuation ledit don mutuel n'est révocable, sinon du consentement des deux conjoints.* Art. 284.

N. B. 1°. Il semble qu'on devroit induire de ces mots de l'art. 284, *après laquelle insinuation ledit don mutuel n'est révocable, etc.* que le défaut d'insinuation du don mutuel n'emportoit pas la nullité absolue de l'acte, mais seulement sa révocabilité; et tel fut, sans doute, l'intention des rédacteurs de notre coutume, qui ne considérèrent pas le don mutuel comme une libéralité, à cause de sa réciprocité; et toutefois la nécessité de l'insinuation ne pouvoit être révoquée en doute, dans notre ancien droit, depuis l'ordonnance de 1731, dont l'art. 20, qui déclaroit nulles *toutes donations, même mutuelles…. quand elles seroient entièrement égales, qui n'auroient été insinuées pendant la vie du donateur.*

2°. Le don mutuel insinué dans les quatre mois, suivant l'art. 284 de notre coutume, limitoit le droit du mari sur les biens de la communauté. Quoiqu'il conservât la pleine administration de ces biens, il ne pouvoit plus user, au préjudice du donataire mutuel, du droit que l'art. 225 de notre coutume lui attribuoit, *d'en faire et disposer, par donation ou autres dispositions faites entre-vifs, à son plaisir et volonté;* c'est pourquoi l'article 286, qui assujétissoit le donataire mutuel à payer les dettes de la communauté, ajoutoit : *toutefois n'est tenu payer les legs et autres dispositions testamentaires.*

3°. L'insinuation dans les quatre mois avoit un effet rétroactif à la date du don mutuel, pour annuller toutes les révocations expresses ou tacites antérieures Il n'en étoit pas ainsi après les quatre mois ; le consentement des deux parties n'étant pas nécessaire pour la révocation du don mutuel, tant que le contrat n'avoit pas été insinué.

4°. Le don mutuel, même insinué, pouvoit être révoqué du consentement des deux conjoints ; ce qui est conforme au principe des lois romaines, qui permettent de résoudre les engagemens par une convention contraire ; « car rien n'est si naturel, disent les » lois, que le lien soit détruit, par la même voie » qu'il a été formé : » *Nihil enim tam naturale est eodem genere quidquid dissolvi quo colligatum est.* L. 35, dig. *de reg. juris.*, §. ult. *Inst. Quibus mod. ioll. oblig.*

I X.

Première charge, faire faire inventaire et prisée des meubles.

L'héritier peut demander, à l'encontre du donataire mutuel, que nouvelle prisée soit faite des meubles, par gens dont ils conviendront, pour être lesdits meubles prisés, à la juste estimation, autre que celle de l'inventaire ; *et en ce faisant, ledit donataire aura la jouissance desdits meubles, sans qu'il soit tenu de les faire vendre.* Art. 288.

N. B. Cet article supposoit l'obligation, par le donataire mutuel, de faire inventaire, non de vendre les meubles; car il étoit propriétaire de la moitié de ces meubles, et il avoit la jouissance de l'autre, en vertu d'une convention autorisée par la loi; mais l'usage des meubles en diminue la valeur : l'héritier étoit donc en droit d'exiger que l'estimation de l'inventaire fût telle que l'usufruit du donataire mutuel ne donnât pas atteinte à la propriété. C'est pourquoi la coutume autorisoit l'héritier du prédécédé, à requérir une nouvelle estimation des meubles à leur juste valeur; le donataire mutuel ne pouvoit s'y refuser, qu'en consentant la vente des meubles, pour jouir du prix.

La coutume dit, *nouvelle prisée autre que celle de l'inventaire;* car les estimations des inventaires étoient ordinairement au-dessous de la valeur des meubles ; c'est pourquoi on ajoutoit *la crue,* qui étant du quart en sus de la prisée, étoit censée tenir lieu de l'augmentation de prix, que la chaleur des enchères eût produite, si on eut procédé à la vente jndiciaire.

X.

Seconde charge; donner caution.

.... En baillant par lui caution suffisante,

d'e restituer les meubles après son trépas....
Art. 280.

X I.

La jouissance du donataire mutuel ne commençoit que du jour auquel il avoit présenté sa caution.

Le donataire mutuel ne gagne les fruits que du jour qu'il a présenté caution suffisante, et demeurent les fruits à l'héritier, jusqu'à ladite caution présentée; *laquelle caution il peut présenter en jugement dès la première assignation.* Art. 285.

X I I.

Troisième charge; avancer les obsèques et funérailles, et la moitié des dettes de la communauté, qui sont à la charge des héritiers du prédécédé, sauf à les répéter après la fin du don mutuel.

Le donataire mutuel est tenu *avancer* et payer les obsèques et funérailles du premier décédé, ensemble la part et moitié des dettes communes, dues par le premier décédé, *lesquelles obsèques et funérailles,*

et moitié des dettes, lui doivent être dé-
duites sur la part et portion du premier
décédé; toutefois n'est tenu payer les legs
ou autres dispositions testamentaires. Art.
286.

N. B. Le donataire mutuel n'avoit droit de jouir
que des biens de la communauté ; sa jouissance devoit
donc être diminuée par les intérêts des dettes, dont
la moitié étoit sa dette personnelle, sans répétition,
comme étant propriétaire de cette moitié ; il avançoit
l'autre moitié, mais à la charge de la répéter.

XIII.

Quatrième charge ; faire faire les réparations viagères, et acquitter les
charges annuelles.

Aussi est tenu celui qui veut jouir du
don mutuel, faire faire les réparations viagères étant à faire sur les héritages sujets au
don mutuel, et payer les cens et charges
annuelles, et les arrérages, tant des rentes
foncières que des rentes constituées pendant
la communauté, échus pendant la jouissance dudit don mutuel ; sans espérance de
les recouvrer. *Art.* 287.

§. III.

Des testamens , et de l'exécution d'iceux.

Nᵒ. Iᵉʳ.

Des testamens, et des diverses espèces de substitutions, dans notre ancien droit.

La matière des testamens étant une de celles dans laquelle notre droit coutumier s'est le plus éloigné des maximes du droit romain, il ne sera pas inutile de fixer l'attention de mes lecteurs sur la source de cette diversité, et les avantages qui résultoient des deux lois.

L'esprit de domination fut naturel à un peuple destiné par la Providence à conquérir le monde. Toutes les institutions des Romains en portent l'empreinte.

De là cette autorité absolue des pères sur leurs enfans, ce pouvoir indéfini de se donner un héritier, l'appareil et la solennité des testamens ; enfin cette crainte insensée en apparence, mais qui tenoit au génie de la nation, que leurs successions ne fussent abandonnées au seul pouvoir de la loi.

Le testament étoit une loi que le testateur dictoit dans sa famille.

La forme la plus ancienne et la plus solennelle fut celle des testamens qui se faisoient dans l'assemblée du peuple, *calatis comitiis,* par des ventes fictives de la succession à celui que le testateur choisissoit pour son héritier, ou par une déclaration expresse de la volonté du testateur, en présence de la nation assemblée. Dans l'origine, les seules expéditions militaires dispensoient de ces formes. Elles tombèrent enfin en désuétude. La volonté du testateur déclarée par le testateur, ou consignée dans un testament souscrit par lui, en présence du nombre de témoins fixé par la loi, acquit l'autorité des testamens les plus solennels.

Sed ut nihil antiquitatis penitus ignoretur, sciendum est olim quidem duo genera testamentorum in usu fuisse, quorum altero in pace et otio utebantur, quod calatis comitiis *appellabant, altero cum in prælium exituri essent, quod* procinctum *dicebatur. Accessit deinde tertium genus testamentorum quod dicebatur,* per æs et libram, *scilicet quod per emancipationem, id est imaginativam quamdam venditionem*

agebatur, quinque testibus et libri-pende,
civibus Romanis præsentibus, et eo qui
familiæ emptor dicebatur; sed illa quidem
priora duo genera testamentorum ex ve-
teribus temporibus in desuetudinem abie-
runt..... Inst. *de test. ord.* §. I.

« Mais afin qu'on n'ignore rien de nos
» antiquités, il faut savoir qu'il y eut en
» usage autrefois deux formes de testamens,
» l'une dont ils se servoient en temps de
» paix et de repos, qu'ils nommoient *testa-*
» *ment en pleins comices;* l'autre, quand
» ils marchoient pour combattre, qu'ils
» appeloient *testament des vêtus à la lé-*
» *gère.* S'en joignit une troisième espèce,
» qu'ils nommèrent *par l'airain et la ba-*
» *lance,* c'est-à-dire, par une vente et un
» achat imaginaires, en présence de cinq
» témoins et le peseur, tous citoyens ro-
» mains; à quoi il faut joindre celui qui
» paroissoit comme acquéreur du patri-
» moine (ce qui forme le nombre de sept
» témoins); mais les deux premières espèces
» de testamens sont, depuis les temps les
» plus anciens, tombés en désuétude. »

Le *testament nuncupatif* (c'est ainsi que
fut nommée la volonté du testateur expri-

mée verbalement) ne fut légitime qu'autant que le testateur avoit déclaré sa volonté en présence de sept témoins mâles, pubères, citoyens romains, invités exprès pour être présens à la confection du testament. L'usage des *testamens mystiques ou secrets* s'introduisit ; mais la loi exigea que le testament fût écrit sous les yeux du testateur, scellé en sa présence, présenté par lui à sept témoins appelés exprès ; enfin que la volonté du législateur domestique fût attestée par un acte de souscription revêtu de sa signature et de son sceau, de celui des sept témoins instrumentaires, et d'un huitième, si le testateur ne savoit ou ne pouvoit signer.

Tel est l'abrégé des formalités prescrites par la loi 21, *C. de test.* et par le titre des instituts *de test. ord.* observées parmi nous dans les provinces de droit écrit, et prescrites par l'ordonnance de 1735, avec cette seule différence que les testamens verbaux n'avoient pas lieu dans nos mœurs, en sorte que les *testamens nuncupatifs* ne différoient des *testamens mystiques* que par le secret des dispositions du testateur.

Les partages faits par les pères entre leurs enfans, les testamens militaires, ceux faits en temps de peste furent exceptés de ces formes rigoureuses.

Les anciennes lois romaines n'exigeoient, dans ces cas de nécessité absolue, que la certitude de la volonté du testateur; c'est la disposition de la loi dernière. *C. de testamentis*, du §. I. *inst. de milit. test.* et de la loi 8, *C. de test.*

Justinien fixa, par la novelle 18, chap. 7, les caractères auxquels la volonté paternelle seroit reconnue, dans les partages entre ses enfans. Il exigea que le testateur souscrivît sa disposition, ou qu'il la fît consentir par ses enfans présens. La novelle 107, chap. 1, obligea le testateur d'écrire, en toutes lettres, la date de son testament, les noms des enfans, et les quotités de l'institution. L'ordonnance de 1735, art. 15 et suivans, transporta à ces actes les deux formes de tester admises dans le pays coutumier, celle *des testamens olographes,* entièrement écrits, signés et datés par le testateur, et celle des *testamens authentiques,* reçus par deux notaires ou un notaire, *ou autre officier public ayant pouvoir de recevoir les testamens,* et deux témoins. Sous ce nom étoient compris, dans notre ancien droit, les curés,

vicaires, aumôniers des armées ; car la même
confiance qui les établissoit fonctionnaires
publics pour constater les naissances, mariages, sépultures, les investissoit d'un
caractère authentique, pour recevoir et
attester les volontés des mourans, quand
la loi ne reconnoissoit qu'un seul culte,
quand la protection accordée à l'église
par les souverains, sembloit plus éclatante
par la participation de ses ministres à quelques-unes des fonctions civiles. De même,
dans le militaire, les majors, officiers de
grade supérieur, prévôts d'armée, ses lieu-
tenans ou greffiers ; en temps de peste, tout
prêtre chargé d'administrer les sacremens.
Ordonnance de 1735, *art.* 17 *et suiv.*

Le droit de se choisir à soi-même un héritier, un représentant universel, étoit la
chimère des Romains. De là, ces héritiers
siens, obligés, dans l'ancien droit, d'accepter une hérédité onéreuse ; cet esclave que
le testateur affranchissoit pour le nommer
son *héritier nécessaire*, quand le droit
prétorien eut permis aux enfans en puissance de s'abstenir de la succession ; la nécessité de l'institution d'héritier tellement
essentielle au testament, dans les principes

des lois romaines, que la caducité de l'institution, ou la renonciation de l'héritier, rendoient, dans l'ancien droit romain, sans effet toutes les dispositions du testament et des codicilles. *Voyez* le titre *des inst. de injust. rupto et irrito facto test.*

De la même source dérivent la *substitution vulgaire,* par laquelle le testateur, après avoir nommé un héritier, en substitue un autre pour le cas auquel son héritier ne pourroit ou ne voudroit accepter l'institution. *Inst. de vulg. subst.*

La substitution pupillaire, par laquelle le père donnoit un héritier à son fils en puissance, en cas qu'il décédât avant la puberté, âge auquel les Romains avoient la faculté de tester. *Inst. de pupillari subst.*

La substitution exemplaire, image de la pupillaire, pour le majeur que la foiblesse de son esprit rendoit incapable de tester. *Ibid.*

La substitution compendieuse qui renfermoit, dans une formule abrégée, toutes ces substitutions. *Ibid.*

Enfin *la substitution fidéi-commissaire,* qui ne commença à être obligatoire que sous le règne d'Auguste; car sans doute ces

substitutions ne furent pas inconnues sous le despotisme sanguinaire des Marius, des Sylla, de ces farouches triumvirs qui s'enrichissoient des dépouilles des infortunés qu'ils proscrivoient, dont les têtes tomboient, comme celle de Cicéron, sous le glaive des sicaires. (L'aveugle multitude, mise en mouvement par l'appât d'une fausse liberté, est la même dans tous les temps, dans tous les pays.) « Ceux à qui leurs amis, leurs
» parens n'auroient pu, sans 'se compro-
» mettre et les leurs, laisser leur hérédité,
» ni faire des legs, choisissoient un déposi-
» taire capable de recevoir, en faveur du-
» quel ils disposoient de tout ou de partie
» de l'hérédité, s'en rapportant à sa foi
» d'exécuter leurs intentions; sans y être
» obligés par aucun lieu de droit, mais
» seulement par honneur. »

Quibus non poterant hæreditatem vel legata relinquere, si reliquerant, fidei-committebant eorum qui capere ex testamento poterant hæreditatem. Et ideo fidei-commissa appellata sunt; quia nullo vinculo juris, sed tantum pudore eorum qui rogabantur, continebantur. Inst. de fidei-comm. hær. §. I.

Cet emperéur qui, sous le nom d'Octave, après la mort de César, n'avoit pas été exempt de participation au gouvernement tyrannique des triumvirs, devenu, sous celui d'Auguste, le bienfaiteur du genre humain, « ému une première et une seconde
» fois par la considération des personnages,
» ou, dit-on, parce qu'il en avoit été prié
» par son salut, ou enfin touché de la per-
» fidie de tels dépositaires infidèles, ordonna
» aux consuls d'interposer son autorité pour
» faire exécuter ces dispositions. Ce qui
» ayant été trouvé juste et populaire, se
» convertit peu à peu en droit commun; et
» les fidéi-commis devinrent si favorables,
» qu'avec le temps on créa un préteur chargé
» spécialement de connoître des fidéi-com-
» mis, qu'ils appelèrent par cette raison
» préteur fidéi-commissaire. »

Posteà D. Augustus primus, semel iterumque gratiá personarum motus, vel quia per ipsius salutem rogatus quis dice-retur, aut ob insignem quorumdam perfi-diam, jussit consulibus autoritatem suam interponere. Quod quia justum videbatur et populare erat, paulatim conversùm est in assiduam juridictionem, tantusque eo-

rum favor factus est, ut paulatim etiam præctor proprius crearetur, qui de fidei-commissis jus diceret, quem fidei-commissarium appellabant. Ibid.

. Origine de deux sortes de fidéi-commis qui ont subsisté parmi nous jusque dans ces derniers temps, tant dans les pays de droit écrit, que coutumiers; l'un qu'on nommoit *fidéi-commis tacites,* qui n'étoient qu'une fraude à la loi, pour faire passer les biens disponibles à un incapable; par exemple, (car ce cas étoit le plus fréquent) pour éluder la loi prohibitive des coutumes qui, comme celle de Paris, défendoient aux conjoints par mariage, de s'avantager *directement* ou *indirectement* par donation entre-vifs ou dispositions testamentaires; fraude qui ne fut jamais tolérée. Les tribunaux étoient dans l'usage, pour peu qu'ils la soupçonnassent, d'ordonner, soit sur la réquisition de l'héritier assigné en délivrance de legs, soit sur celle du ministère public, que le demandeur seroit tenu de prêter serment, qu'il entendoit garder pour lui-même; et ils le dépossédoient, si dans l'année qui suivoit le jugement, il mettoit les biens hors de ses mains pour en faire passer le prix à l'incapable.

L'autre, qu'on peut nommer *fidei-commis légaux*, qui établissoient un nouvel ordre de successions, d'abord indéfini ; c'est ce qu'on nommoit proprement *substitution*, ou *substitution fidéi-commissaire*, pour la distinguer des trois espèces dont il a été parlé ci-dessus. D'abord indéfini, tant il est dans le cœur de l'homme d'éterniser ses volontés ; réduites par l'article 59 de l'ordonnance d'Orléans, en 1560, rendue sur le vœu des états-généraux, à deux degrés, sans comprendre l'institué ; remède tardif et foible, même pour les substitutions futures que l'appelé renouveloit lorsqu'elles étoient parvenues à leur terme ; mais entièrement impuissant pour cette multitude de substitutions antérieures à la limitation portée par l'ordonnance d'Orléans.

Pour rappeler enfin, par degrés, les choses au droit commun, l'ordonnance de Moulins, de 1566, rendue également sur le vœu des états-généraux, avoit dérogé à la règle qui refuse aux lois nouvelles tout effet rétroactif. L'article 57 s'exprime ainsi :

« Amplifiant l'article de nos ordonnances

« pour le fait des substitutions.... avons
» dit, déclaré et ordonné, que toutes subs-
» titutions *faites auparavant de notredite*
» *ordonnance d'Orléans,* en quelque dis-
» position que ce soit, par contrats entre-
» vifs ou de dernière volonté, *soient, res-*
» *treintes au quatrième degré outre l'ins-*
» *titution,* exceptées toutefois les substitu-
» tions desquelles le droit est échu et jà
» acquis aux personnes vivantes, auxquelles
» nous n'entendons déroger..... »

Qui n'eût cru la question terminée, et les
substitutions, tant anciennes que nouvelles,
réduites, celles-ci à deux degrés, celles-là
à quatre, sans comprendre l'institué, c'est-
à-dire, à une durée de plus de cent années,
dans le calcul ordinaire de la vie humaine,
sauf le renouvellement, comme il a été dit?
Cependant l'ambition ne fut pas bornée par
ces tempéramens, et les parlemens de droit
écrit favorisoient, par une distinction subtile, contraire à la loi romaine elle-même,
de telles contraventions au vœu de la nation
entière. C'est ce qu'il faut expliquer.

Chacun de ceux qui recueillent une substitution forme un degré. Les parlemens de
droit écrit, dans le dessein d'étendre le

pouvoir des testateurs, si favorable dans les lois romaines, ne comptoient tous les enfans sortis d'une même souche que pour un seul degré, quoiqu'ils eussent recueilli successivement les biens substitués. L'art. 124 de l'ordonnance de 1629 avoit tenté de réformer cet abus; mais cette ordonnance, publiée dans un lit de justice, quoique pleine de dispositions sages, renouvelées par les lois postérieures, avoit participé de la disgrâce du garde des sceaux de Marillac, son auteur. L'ordonnance de 1747, tit. 1er, art. 31, avoit proscrit de nouveau le calcul par souches, et reçu enfin une exécution universelle dans tout le royaume.

De l'abus de la liberté indéfinie de tester, autorisée par les anciennes lois romaines, et du désir d'assurer l'exécution des volontés des testateurs, naquirent, dans le droit romain, plusieurs détractions, sur la masse de la succession, autorisées par les lois: celle de la légitime en faveur des enfans et descendans en ligne directe, celle de la quarte falcidie, en faveur de l'héritier institué, qui n'auroit eu qu'un titre illusoire, si le testament eût été exécuté à la rigueur, au moyen des legs particuliers qui absorboient la succession ; celle de la quarte tré-bellianique de la part du grevé de substitu-tion dans le même cas.

Arrêtons-nous sur ces trois objets néces-saires, spécialement pour saisir l'esprit des lois romaines, et les comparer avec les dis-positions du nouveau code.

N°. II.

De la prétérition et de l'exhérédation des enfans et descendans, de la légitime, de l'exhérédation officieuse, de la quarte falcidie, de la quarte trébellia-nique, et de la pépinière de procès auxquels la législation romaine don-noit naissance dans les pays de droit écrit.

DROIT ANCIEN.

La loi des douze tables n'avoit pris aucune précaution pour empêcher les ascendans d'enlever à leurs descendans la totalité de leur succession.

L'édit du préteur envoya en possession ceux qui étoient prétérits par le testament de leurs pères ; c'est ce qu'on nommoit *bonorum possessio contra tabulas* ; il admit les descendans, déshérités sans cause, à attaquer le testament par l'action qu'on nomme en droit *querelle d'inofficiosité*, supposant une sorte de démence dans le père qui s'étoit porté à une disposition si contraire au vœu de la nature : *quasi sanœ mentis testator non fuerit cum testamentum ordinaret.* Inst. *de inoffic. test. in principio.* « Jugeant qu'un tel testateur n'avoit pas » l'esprit sain quand il travailloit à son » testament. »

Justinien fixa, par la novelle 115, ch. 3, les causes d'exhérédation jusqu'alors abandonnées à la prudence du magistrat ; il défendit d'en admettre d'autres que celles exprimées dans sa loi : *nulli liceat ex aliâ lege ingratitudinis causas opponere, nisi quœ in hujus constitutionis serie continentur ;* « qu'il ne soit permis à personne » de rechercher dans une autre loi d'autres » causes d'ingratitude que celles comprises » dans la présente constitution. » Ces causes sont énoncées avec cette diffusion, cette surcharge de mots qui caractérisent la dépravation de la littérature de ce siècle. Ainsi nous ne les transcrirons pas. Elles se réduisent aux attentats contre la vie et l'honneur du testateur, et aux actions spécialement contraires à l'honnêteté publique. Les ordonnances de nos rois ont ajouté, les mariages des enfans, contractés sans le consentement de leurs père et mère, susceptibles d'une double peine : 1°. d'être déclarés abusifs sur l'appel comme d'abus interjeté par les ascendans, dont le suffrage a été méprisé ; 2°. de l'exhérédation, même après la majorité des enfans, si les mâles parvenus à l'âge de trente ans et les femelles à celui de vingt-cinq, n'avoient requis préalablement, par des *sommations respectueuses*, le consentement de leurs ascendans. *Voyez l'Edit de 1556, l'Ordonnance de Blois, art. 41, 42, 43 et 44, l'Ordonnance de 1639, enfin la Déclaration du mois de mars* 1697.

L'édit du préteur accorda en outre aux descendans héritiers institués, l'action en supplément de légitime, s'ils ne retiroient pas de l'institution qui faisoit cesser la querelle d'inofficiosité, le quart de la succession partageable entr'eux, c'est-à-dire, le quart de leur part héréditaire ; de là le nom de *quart légitimaire*, que la légitime retient encore dans les pays de droit écrit.

La légitime n'étoit donc pas plus forte alors que la *quarte-falcidie*, ainsi nommée du tribun du peuple qui porta cette loi sous l'empire d'Auguste, par laquelle l'héritier institué avoit le droit de retenir le quart de la succession sur les légataires, pour que l'institution ne fût pas dans ses mains un vain titre, et que les testamens si favorisés des Romains, ne devinssent pas caducs par la renonciation de tous les héririers institués. *Inst. de L. falcid.*

Justinien changea ce droit, par ses instituts, en autorisant les enfans à intenter la querelle d'inofficiosité toutes les fois que l'institution expresse du testateur, les legs ou les donations à cause de mort qui leur auroient été faites, ne suffisoient pas pour les remplir de leur légitime, *Inst. de inoff. test.* §. 6 ; mais cet emperenr rétablit le droit ancien par la novelle 115, chap. 3 et suiv., exigeant seulement que les enfans fussent institués héritiers pour une portion de la succession, sauf l'action en supplément de légitime, si cette portion ne suffisoit pas pour les remplir. Aussi augmenta-t-il la quotité de la légitime, la portant au tiers de la succession, lorsque le nombre des

enfans n'excédoit pas celui de quatre, et à
la moitié, quand il y avoit plus de quatre
enfans. Tel étoit le droit observé dans nos
provinces de droit écrit.

A cette première détraction, propre aux
seuls descendans en ligne directe, s'en joi-
gnoit une seconde commune à tous les
héritiers institués dont le bénéfice eût pu
être absorbé par les legs, si la loi ne fût
venue à leur secours; c'est celle de la quarte
dite *falcidie*, dont j'ai dit un mot.

Cum olim lege duodecim tabularum libe-
ra erat legandi potestas, ut liceret vel totum
patrimonium legatis erogare, visum est
hanc legandi licentiam coarctare; idque
ipsorum testatorum gratiâ provisum est,
ob id, quod plerumque intestati morie-
bantur, recusantibus scriptis hœredibus pro
nullo aut minimo lucro hœreditatem adire...
Novissime lata est lex falcidia quâ cavetur
ne plus legare liceat quam dodrantem toto-
rum bonorum : id est, ut sive unus hœres
institutus sit sive plures, apud eum, eosve
pars quarta remaneat. Inst. *de L. falcidiâ*
in princ.

« Comme autrefois par la loi des douze
» tables la faculté de tester étoit tellement

» libre, qu'il étoit permis à un testateur
» d'épuiser, par des legs, la totalité de son
» patrimoine, il a été jugé convenable de
» restreindre cette liberté indéfinie, pour
» l'intérêt des testateurs eux-mêmes ; car il
» arrivoit fréquemment que les défunts
» mouroient *intestat*, les héritiers qu'ils
» avoient choisi refusant d'accepter l'hé-
» rédité pour un gain ou nul ou trop mo-
» dique ; (après plusieurs tentatives inu-
» tiles)....enfin fut portée la loi *falcidia*,
» (ainsi nommée du tribun Falcidius qui
» en fut l'auteur) par laquelle il est défendu
» d'épuiser en legs plus des trois quarts de
» l'hérédité ; et ce, soit que le testateur ait
» nommé un seul ou plusieurs héritiers ; en
» sorte que, dans tous les cas, il leur reste
» le quart de la succession. »

Ce que la loi *falcidia* avoit ordonné pour
les legs, le sénateur Trebellius le fit ordonner pour les fidéi-commis, par un décret du
sénat, sous le règne de Néron, quand l'in-
vention nouvelle des substitutions fidéi-
commissaires eut pris consistance, autorisant
le grevé à retenir le quart de la succession
qu'il étoit chargé de remettre, et même à
répéter ce quart, s'il avoit restitué ou tout,

ou au delà des trois quarts de l'hérédité.

Ut tunc quando vel nihil, vel minus quartá apud eum remanet, liceat ei quartam, vel quod deest.... retinere vel repetère solutum. Ibid, de fidei commiss. hæred. et ad. S. C. Trebell.

Enfin les lois romaines avoient prévu le cas où un père craignant la dissipation d'un fils qui n'étoit pas, aux termes des lois, dans le cas de l'entière exhérédation, désiroit pourvoir à l'intérêt de ses petits-enfans. « Il pourra le faire, dit la loi, en instituant » ses petits-enfans, et ne laissant à son fils » que l'usufruit de tout ou de partie de ses » biens, à titre d'alimens ; pourvu qu'il » motive et prouve la nécessité de son ju- » gement. »

Potuit.... et pater providere nepotibus suis, si eos fecisset hæredes et exhæredasset filium, eique quod sufficeret, alimentorum nomine, certum quid legasset, additá causá et necessitate judicii sui. L. 16. dig. de cur. fur.

C'est ce qu'on nomme l'exhérédation officieuse, sur laquelle j'insiste particulièrement, parce qu'elle sert à distinguer la substitution fidéi-commissaire, de la simple réduction à l'usufruit ; l'une séparoit la propriété de la jouissance ; l'autre conservoit la pleine propriété entre les mains du grevé, soit qu'il fût chargé de restituer à sa mort, ou dans un temps plus court ; en sorte que les aliénations même qu'il avoit faites, n'étoient pas nulles ; mais seulement révocables à l'ouverture de la substitution ; inattaquables si l'appelé venoit à prédécéder ; c'étoit véritablement un nouvel ordre de successions autorisé par la loi, qui tiroit toute sa force de la volonté de l'homme.

« Le grevé de substitution étoit héritier ;
» il ne cessoit pas même de l'être après
» avoir restitué le fidéi-commis (car ce titre
» étoit indélébile) ; l'appelé étoit héritier
» ou légataire suivant la nature du titre qui
» lui avoit transmis la succession. »

Restitutá autem hæreditate, is quidem qui restituit, nihilominus hæres permanet: is vero qui recipit hæreditatem, aliquando hæredis, aliquando legatarii loco habetur. Inst. ibid. §. 3.

Il n'en étoit pas ainsi du fils qui s'étoit mis dans le cas de l'exhérédation officieuse ; il n'avoit aucune propriété ; l'usufruit qui lui étoit conservé, fût-il de la totalité de la succession, ne lui étoit donné qu'à titre d'alimens.

Quélle pépinière de procès un pareil ordre de choses ne devoit-il pas alimenter!

J'en choisis un exemple d'autant plus remarquable, que son exposé renfermera comme le résumé de tout ce qui a été observé jusqu'ici.

Jean-Louis de Jaucourt, domicilié dans le ressort de la coutume de Bourgogne qui, par une disposition expresse, se reporte au droit romain, dans tout ce qui n'est pas décidé expressément par la loi municipale, n'avoit qu'un fils unique, *Pierre de Jaucourt;* il l'institua son héritier universel, avec charge de substitution *au profit de ses enfans.*

« Permet néanmoins à son fils *de disposer*
» *entre ses enfans,* des terres de Vaux,
» Vermoiron, etc. (le principal et même
» l'unique immeuble de sa succession) *ainsi*
» *et pour telle portion qu'il avisera.* »

Pierre de Jaucourt meurt, ayant recueilli la succession de son père et celle de son oncle maternel, le célèbre président Bouhier, grevée d'une autre substitution, non plus

Successions.—Donations, etc. 18

au profit de tous les enfans de l'institué, mais de *l'aîné mâle.*

N. B. Que l'une et l'autre substitution n'avoient qu'un seul degré, non compris l'institué ; en sorte que les biens substitués parvenus, soit à tous, soit à l'un des enfans du grevé, devenoient libres en sa personne.

Il meurt, laissant à son décès deux enfans : *Pierre-Armand,* l'aîné, et *Jacques,* le puîné.

Désirant conserver à son fils aîné l'intégrité des terres de Vaux, Vermoiron, etc., chef-lieu de sa branche, et néanmoins assurer à son puîné une existence honorable, il a, par son testament, sans faire mention d'aucune des deux substitutions, institué *Pierre-Armand de Jaucourt,* son fils aîné, *son héritier universel,* quant aux terres *de Vaux, Vermoiron, etc.;* et son fils puîné, *Jacques de Jaucourt, son héritier particulier,* quant aux terres de Brazay et de Conforgien, etc.; ces mêmes terres que son fils aîné étoit appelé à recueillir par le testament du président Bouhier.

Il en avoit le droit, aux termes des lois romaines qui permettent au testateur de disposer, non-seulement de sa propriété et

de celle de son héritier, mais d'une propriété étrangère qu'elles obligent l'héritier
institué d'acquérir pour remplir la condition que le testateur a imposée à sa libéralité, ou, si le propriétaire s'y refuse, d'en
payer l'estimation.

*Non solum testaroris vel hæredis sed
aliena res legari potest ; ita ut hæres
cogatur redimere eam et præstare ; vel
si eam non potest redimere , æstimationem
ejus præstare.* Inst. *de leg.* §. 4.

« Non-seulement le testateur peut dis-
» poser de sa chose et de *celle de son héri-*
» *tier,* mais il peut léguer même une chose
» étrangère, et forcer son héritier à l'ac-
» quérir , ou, s'il ne le peut, à en payer
» l'estimation. »

Ces dispositions de Pierre de Jaucourt
remplissent les intentions du père commun ;
mais elles n'imposent silence, ni aux prétentions de l'aîné, ni aux subtilités de ses
conseils qui, consultant les arrétistes et les
commentateurs des pays de droit écrit, y
trouvent que lorsqu'un testateur a substitué
à l'un des enfans de son héritier qu'il voudra choisir, l'institution d'héritier univer-

sel de l'un de ses fils, faite par le grevé, emporte élection, et engloble les biens substitués, quoiqu'il n'ait pas fait mention de la substitution; et comme ce droit d'élire n'est de la part du grevé qu'un simple ministère, que l'appelé ne tient pas son titre du grevé, mais de l'auteur de la substitution, *a gravante non a gravato*, comme parlent les jurisconsultes, il n'y peut imposer aucune condition.

D'après ce système, l'aîné des deux frères déclare, dans un acte authentique, *qu'il renonce à l'institution d'héritier universel* portée au testament du père commun, s'en tenant à la substitution de son aïeul, et *au choix de sa personne*, résultant de cette même institution d'héritier universel à laquelle il a renoncé.

En conséquence, il réclame à la fois, et toute la succession de son père, non à titre d'hérédité, mais d'élection à la substitution portée au testament de son aïeul, et toute la succession de son oncle, le président Bouhier, à laquelle il est appelé comme aîné mâle.

Il ne voit pas que si ses prétentions pouvoient être accueillies, son frère institué héritier particulier par le père commun, deviendroit, par l'effet de sa renonciation à l'institution, héritier universel, et, à ce titre, fondé à réclamer, au nom de Pierre Jaucourt, la légitime du tiers et la quarte trébellianique du quart de cette même succession.

Jacques de Jaucourt, puîné, ne porte pas d'abord jusque-là ses prétentions.

Il se borne à dire : ou vous êtes héritier du père commun, et en ce cas prenez tous les biens qui nous étoient dévolus à l'un et à l'autre par le testament de notre aïeul ; mais abandonnez-moi la substitution à laquelle vous étiez appelé par le testament du président Bouhier : car c'est sous cette condition que le père commun a disposé en votre faveur, comme il en avoit le droit, de l'universalité de la substitution à laquelle nous étions appelés l'un et l'autre par ces mots du testament de notre aïeul : *substitue aux enfans de son fils.*

Si vous persévérez dans votre renonciation, prenez ce qui vous appartient, la succession du président Bouhier ; mais partageons également les biens compris en la substitution de notre aïeul.

L'affaire portée au Châtelet de Paris, attendu le domicile des parties, y est appointée; c'est à-dire, instruite par écrit.

Pierre-Armand de Jaucourt, l'aîné des deux frères, persévère dans sa renonciation et dans son système.

Les magistrats, n'écoutant que les seules lumières de la raison, ordonnent le partage de la succession de l'aïeul.

Sur l'appel, les plus célèbres jurisconsultes de Paris se partagent.

On oppose une loi, qu'on dit être précise, en faveur de l'aîné. La voici:

Unum ex familiâ propter fidei-commissum a se cum moreretur relictum, hæres eligere debet; ei quem elegit frustra testamento suo legat, quod postquam electus est ex alio testamento petere potest. L. 67, dig. de leg. 2°. §. 1er.

« Un héritier est tenu de choisir, à sa
» mort, *l'un de ses enfans* pour recueillir
» le fidéi-commis dont il est chargé. En
» vain affecte-t-il de paroître léguer, par
» son testament, ce que celui qui est élu

» peut, après l'élection, réclamer en vertu
» d'un autre testament. »

J'ai donc été en droit, disoit-on pour l'aîné des deux frères, de diviser l'institution d'héritier universel portée au testament de mon père, de l'accepter, la considérant comme une élection faite de ma personne pour recueillir la totalité de la succession de mon aïeul, de la repousser comme une libéralité de mon père, qui me soumettoit à des conditions onéreuses que je ne veux pas remplir. — D'accord, répondois-je, (car ce fut l'auteur de cet ouvrage qui fut chargé de la défense du puîné des deux frères) d'accord, si l'aïeul commun, auteur de la substitution, avoit témoigné vouloir que toute sa substitution se réunît sur la seule tête de l'un des enfans de son fils, comme l'avoit fait le testateur dans l'espèce de la loi citée. « Un héritier *est tenu* de » choisir à sa mort *l'un de ses enfans.* » *Unum ex familiâ.*

Mais Jean-Louis de Jaucourt en a agi tout autrement ; il a appelé à sa substitution *les enfans de son fils* sans distinction ; il a permis seulement à son fils de *disposer* des biens substitués *entre ses enfans*, AINSI ET POUR TELLE PORTION QU'IL AVISEROIT. Il a donc voulu que si un seul recueilloit sa substitution, il la tînt de la libéralité de son fi s; il a permis à son fils d'imposer à ses enfans en leur remettant, ou à l'un d'eux, le fidéi-commis, telles conditions qu'il jugeroit convenables, *ainsi et pour telle portion qu'il aviseroit.* Comment diviser la libéralité, des conditions que le père commun a eu le droit d'y imposer?

Nonobstant ces raisons, la jurisprudence des parlemens de droit écrit, quoiqu'il n'y eût aucune espèce expressément semblable à celle-ci, surtout le prestige de la présomption de volonté dans le père commun, de faire un aîné, l'emportent, en 1760, à la troisième chambre des enquêtes du parlement de Paris; mais les magistrats qui composent ce tribunal auguste ne peuvent se refuser d'accorder au puîné, seul héritier du père commun, au moyen de la renonciation de son frère, la détraction de la légitime et de la quarte trébellianique, c'est-à-dire, de la moitié de cette même succession de son aïeul, de ces mêmes terres qu'il espéroit s'approprier à lui seul; d'où résulte une involution de procès qui ne se terminent que par une transaction onéreuse aux deux parties, après de longs débats, suivie quelque temps après de la mort de l'un et de l'autre.

Grâces soient rendues à nos législateurs! il n'en sera pas ainsi dans le nouvel ordre de choses.

N°. II.

Des testamens et des fidéi-commis en pays coutumier.

Ces questions épineuses ne pouvoient naître dans nos coutumes dans lesquelles la loi seule conféroit le titre d'héritier, où les testamens n'étoient considérés que comme des codicilles, à la différence de l'ancien droit romain si scrupuleusement attaché à l'institution d'héritier ; pour la validité du testament, qu'il crouloit, et tous les codicilles qui en étoient le supplément, non-seulement si l'institution d'héritier étoit nulle, mais si l'héritier institué étoit indigne, incapable, lors de l'ouverture de la succession ; s'il renonçoit à l'hérédité. Auguste tempéra cette rigueur, en rendant les codicilles indépendans du testament. Justinien pourvut à la stabilité des dernières volontés, en autorisant ce qu'on nomme la clause codicillaire, par laquelle le testateur ordonne que *si ses dispositions ne peuvent valoir comme testament, elles vaudront comme codicilles.* Voyez le titre des inst. *de codicillis.*

Point de testamens proprement dits dans nos coutumes; ainsi point de moyens pour attaquer les dernières dispositions des défunts par le vice de prétérition des enfans; et cependant notre droit coutumier leur donnoit plus de ressources que le droit romain même, par les quatre espèces de légitimes entre lesquelles ils avoient droit de choisir; je l'ai prouvé au titre des *Successions.* Nulle mention dans notre coutume, ni de l'exhérédation proprement dite, ni de l'exhérédation officieuse; et cependant l'une et l'autre étoient admises par notre ancienne jurisprudence, qui empruntoit sur ces matières la disposition du droit romain. Les ordonnances de nos rois avoient ajouté, comme je l'ai observé, aux causes d'exhérédation portées par la loi romaine. Les substitutions fidéi-commissaires étoient repoussées par plusieurs de nos coutumes, comme Normandie, Bretagne et quelques autres ; d'autres, comme la coutume de Paris, n'en faisoient pas mention, et les principes de la loi romaine, adoptés par les ordonnances de nos rois, en déterminoient l'étendue et la durée. Voyez l'ordonnance de 1747, qui renferme substantiellement la décision de toutes les questions auxquelles elles donnoient lieu. De cette bigarrure naissoient de nouveaux procès.

Rapprochons le petit nombre de dispositions de notre coutume concernant les testamens.

I.

Le testament est une disposition à cause de mort.

..... Testament ou *ordonnance de dernière volonté*. Art. 282, 292, 296, 305.

I I.

Institution d'héritier n'a lieu ; sens de cette maxime.

Institution d'héritier n'a lieu ; c'est-à-dire, qu'elle n'est requise et nécessaire pour la validité du testament ; *mais ne laisse de valoir la disposition jusqu'à la quantité des biens dont le testateur peut valablement disposer par la coutume.* Art. 299.

III.

Deux formes de testament admises par la coutume.

Pour réputer un testament solennel, est requis *qu'il soit écrit et signé du testateur, ou qu'il soit passé pardevant deux notaires, ou pardevant le curé de la paroisse, ou son vicaire-général et un notaire, ou dudit curé ou vicaire* ET TROIS *témoins,* iceux témoins idoines, suffisans, mâles, *âgés de vingt ans accomplis et non légataires,* et *qu'il ait été dicté et nommé* par le testateur auxdits notaires, curé, ou vicaire-général, et *depuis à lui relu, en présence d'iceux notaires, curé, ou vicaire-général et témoins,* et *qu'il soit fait mention audit testament qu'il a été dicté, nommé et relu,* et *qu'il soit signé par ledit testateur et par les témoins,* ou que mention soit faite de la cause pour laquelle ils n'ont pu signer. *Art.* 289.

N. B. 1°. L'ordonnance de 1735, art. 22 et suiv. prescrit les mêmes règles ; seulement l'article 25 de l'ordonnance déroge à la dernière partie de cet article de notre coutume, n'exigeant dans des testamens, reçus par les curé ou vicaire, que deux témoins, comme dans les testamens devant un notaire que le curé ou vicaire remplacent dans cette fonction.

2°. *Ecrit et signé,* c'est – à – dire, entièrement écrit, *signé et daté du jour et du lieu,* par le testateur, comme le porte l'article 20 de l'ordonnance de 1735; c'est ce qu'exprime le nom de testament *olographe.* (Ecrit tout entier.) La date du lieu est essentielle, puisque la validité extérieure des actes se règle par les lois observées dans le lieu où les actes ont été passés; et toutefois le testament olographe est nul, si le testateur n'étoit domicilié dans un lieu où cette forme de testament fût autorisée; car les actes sous signature privée n'ayant point de date certaine relativement aux tiers, c'eût été ouvrir un champ trop libre à la fraude. *Voyez* le titre *des Règles du droit.*

I V.

Lettres de vicariat; où elles devoient être registrées ?

Seront tenus iceux curés de bailler lettres de vicariat-général, et icelles faire enregistrer ès greffes royaux, pour le regard des paroisses assises ès villes où il y a juge royal, et ès autres lieux en la justice ordinaire d'iceux, avant que les vicaires puissent recevoir aucun testament. *Art.* 290.

N. B. Suivant la déclaration du 9 avril 1736, les lettres du vicariat ne pouvoient être régistrées que dans les siéges royaux, ressortissans nûment dans les cours, où les registres de baptêmes, mariage et sépultures devoient être déposés.

V.

Disposition abrogée.

Seront aussi tenus lesdits curés et vicaires-généraux de porter et faire mettre, de trois mois en trois mois, ès greffes, comme dessus, les registres des baptêmes, mariages, *testamens* et sépultures, sous peine de tous dépens, dommages, intérêts; et pour ce, ne doivent rien payer au greffe. *Art.* 291.

N. B. Nous avons fait connoître en un autre lieu, les difficultés que cette loi éprouva dans son exécution, pour les registres des baptêmes, mariages et sépultures, et les changemens introduits par la déclaration du 9 avril 1736.

Quant aux *testamens*, l'ordonnance de 1735, art. 26, ne permettoit pas qu'ils fussent inscrits sur les registres publics des paroisses; mais les curés et vicaires qui les avoient reçus, étoient tenus, incontinent après le décès du testateur, de les déposer en l'étude du notaire ou tabellion du lieu où ils avoient été passés, et s'il n'y avoit pas de notaire dans le lieu, chez le notaire le plus prochain, dans l'étendue du même bailliage royal ou sénéchaussée, ressortissant nûment dans les cours.

V I.

Qualités et âge nécessaires pour tester.

Toutes personnes saines d'entendement âgées et usantes de leurs droits peuvent disposer par testament et ordonnance de dernière volonté..... *Art.* 292.

Pour tester des meubles , acquêts et conquêts immeubles , faut avoir accompli *l'âge de vingt ans ,* et *pour tester du quint des propres ,* faut avoir accompli *l'âge de vingt-cinq ans.* Art. 293.

Toutefois si le testateur n'a meubles , acquêts ne conquêts immeubles, peut, audit cas, tester du quint de ses propres, après vingt ans accomplis. *Art.* 294.

V I I.

Au profit de qui on peut tester ?

..... Au profit de personne capable.... *Art.* 292.

VIII.

Incapacité de recevoir par testament.

Première. Des tuteurs, curateurs, et autres administrateurs et de leurs enfans : exception en faveur des ascendans non remariés.

Les mineurs et autres personnes étant en puissance d'autrui, ne peuvent tester *directement ni indirectement* au profit de leurs tuteurs, curateurs, pédagogues, ou autres administrateurs, *ou enfans desdits administrateurs,* pendant le temps de leur administration et jusqu'à ce qu'ils aient rendu compte. *Peuvent toutefois disposer au profit de leur père, mère, aïeul ou aïeule, ou autres ascendans, encore qu'ils soient de la qualité susdite, pourvu que lors du testament et décès du testateur, lesdits père, mère ou autres ascendans ne soient remariés.* Art. 276.

N. B. Voyez l'ordonnance de 1539, art. 131, qui contenoit la même disposition que cet article de notre coutume. Sous le nom d'*administrateurs* étoient compris toutes personnes qui ont une autorité de confiance sur les autres, tels que les confesseurs, les médecins et chirurgiens, etc. Cependant, lorsque les legs étoient modiques, la jurisprudence les autorisoit, considérant plutôt de telles libéralités, comme l'effet de l'amitié, que de l'ascendant du légataire sur le testateur.

Seconde. Des conjoints par mariage.

Homme et femme conjoints par mariage.....ne peuvent avantager l'un l'autre, *par testament ou ordonnance de dernière volonté..... directement ni indirectement.....* Art. 282.

Troisième. Des père et mère envers leurs enfans venans à la succession.

Père et mère ne peuvent... par testament, ordonnance de dernière volonté.... avantager leurs enfans venans à leur succession l'un plus que l'autre. *Art.* 303.

N. B. C'est–à–dire, qu'ils ne pouvoient faire que les enfans légataires profitasssent du legs et de la succession en même temps.

I X.

Les enfans de l'incapable sont compris dans la prohibition.

..... Ou aux enfans desdits administrateurs. Art. 276.

Ne peuvent les conjoints donner *aux enfans l'un de l'autre d'un premier mariage,*

Successions. — *Donations, etc.* 19

au cas qu'ils, ou l'un d'eux, ait enfans. *Art.* 283.

X.

Personne ne peut disposer de ce qui ne lui appartient pas.

Le mari, par son testament ou ordonnance de dernière volonté, ne peut disposer des biens meubles et conquêts immeubles communs entre lui et sadite femme, *au préjudice de sadite femme, ni de la moitié qui lui appartient par le trépas de sondit mari.* Art. 296.

N. B. Les lois romaines autorisoient, comme il a été dit, le legs de la chose d'autrui, *Inst. de leg.* §. 4, ce qui ne donnoit pas atteinte à la propriété, l'effet d'un tel legs étant d'obliger l'héritier d'acquérir la chose léguée, si le propriétaire consentoit de la vendre, ou d'en payer l'estimation au légataire, si l'héritier ne pouvoit l'acquérir.

X I.

Faculté de disposer par testament; en quoi restreinte par la coutume? et des *réserves coutumières.*

Institution d'héritier n'a lieu.... mais ne

laisse de valoir la disposition *jusqu'à la quantité des biens dont le testateur peut valablement disposer par la coutume.* Art. 299.

N. B. Ce qui distinguoit l'institution d'héritier du legs universel, étoit la saisine légale qu'emportoit le titre d'héritier. L'institution d'héritier, en pays de droit écrit, produisoit à – peu – près le même effet que la disposition de la loi en pays coutumier ; mais le légataire universel n'étoit saisi, ni par la loi, ni par la volonté de l'homme ; aussi les fruits ne lui appartenoient – ils que du jour auquel la délivrance du legs avoit été consentie à son profit par l'héritier, ou de la demande qu'il en avoit formée en justice ; car le retard injuste de l'héritier, à consentir la délivrance, ne devoit pas nuire au légataire ; ces principes dérivent de la définition que les lois nous donnent du legs : « Une libéralité faite par un défunt, » qui doit être délivrée par l'héritier. » *Legatum est donatio quædam à defuncto relicta , ab hærede prestanda.* §. I, Inst. *de leg.*

Toutes personnes saines d'entendement, âgées et usant de leurs droits, peuvent disposer par testament et ordonnance de dernière volonté, au profit de personne capable, *de tous leurs biens meubles, acquéts et conquéts immeubles , et de la cinquième partie de leurs propres héritages, et non plus avant.....* Art. 292.

Si l'héritier se veut contenter de *prendre les quatre quints des propres et aban-donner les meubles, acquéts et conquéts immeubles, avec le quint des propres, à tous les légataires, faire le peut ;* en quoi faisant, il demeurera saisi desdits quatre quints, et les légataires prendront le surplus. *Art.* 295.

X I I.

La faveur des legs pieux ne suffisoit pas pour valider les dispositions qui excédoient les bornes prescrites par la coutume.

.... Et non plus avant, *encore que ce fût pour cause pitoyable.* Art. 292.

Legs pitoyables de rentes en deniers, grains ou autres espèces, sur une maison de la ville de Paris et faubourgs d'icelle, sont rachetables au denier vingt, sans que ledit rachat se puisse prescrire, or (encore) qu'il fût dit par le testament, non rachetable, *en faisant toutefois faire le remploi en autres héritages ou rentes.* Art. 122. (Par respect pour le droit des fondateurs.)

XIII.

Le légataire universel représente l'héritier.

.... Légataires universels .... sont tenus de contribuer aux dettes (de la succession) pour telle part et portion qu'ils en amendent. *Art.* 295.

.... Les dettes toutefois préalablement payées sur les biens de l'hérédité. *Art.* 295.

N. B. Les obligations du légataire universel étoient les mêmes que celles de l'héritier bénéficiaire ; car il n'étoit tenu , dans aucun cas , d'acquitter les dettes et les legs particuliers sur ses biens personnels.

XIV.

Incompatibilité des qualités d'héritier et de légataire.

Aucun ne peut être héritier et légataire d'un défunt tout ensemble. *Art.* 300.

Voyez au titre *des Successions* comment s'entendoit cette disposition de la coutume.

XV.

Incapacité du légataire d'être témoin dans le testament.

.... *Iceux témoins* ..... *non légataires.* Art. 289.

XVI.

Le donataire mutuel n'étoit tenu des legs.

Le donataire mutuel.... n'est tenu des legs et autres dispositions testamentaires. *Art.* 286.

N. B. Si le donateur entre-vifs chargeoit son donataire universel de payer, non-seulement les dettes antérieures à la donation, mais celles qu'il laisseroit à son décès, ou les legs qu'il pourroit faire, par son testament, une telle donation ne seroit pas irrévocable ; elle ne renfermeroit pas tradition ; elle seroit nulle, comme cumulant les caractères de la donation entre-vifs, et du testament, *ordonnance de* 1731, *art* 26. Le don mutuel étoit révocable, il est vrai, jusqu'à ce qu'il eût été insinué ; mais, après l'insinuation, il n'étoit révocable que du consentement réciproque des deux conjoints ; il n'eût pas été égal, si le donataire eût été obligé d'acquitter les legs de son codonateur ; car il eût pu être épuisé par des dispositions qui fussent demeurées inconnues au survivant, jusqu'à l'époque de son ouverture.

§. IV.

Des exécuteurs testamentaires.

Nous en ferons connoître l'origine, en rapportant les dispositions du nouveau code qui a traité cette matière avec plus d'étendue, nous bornant, quant à présent, à transcrire l'art. 297 de notre coutume, qui seul en fait mention.

I.

Saisine des exécuteurs testamentaires, et ses charges.

Les exécuteurs testamentaires sont saisis, durant l'an et jour du trépas du défunt, *des biens meubles demeurés de son décès, pour l'accomplissement de son testament, si le testateur n'avoit ordonné que ses exécuteurs fussent saisis de sommes certaines seulement; et est tenu ledit exécuteur faire inventaire en diligence, sitôt que le testament est venu à sa connoissance, l'héritier présomptif présent, ou dûment appelé. Art. 297.*

§. V.

Du contrat de mariage, et du convol à de secondes noces.

Nº. Iᵉʳ.

Le plus saint des engagemens, destiné par sa nature à régler le sort, et de la génération présente, et des générations futures, fait partie, sous ce point de vue, de la matière des successions, des donations, des testamens.

DROIT ANCIEN.

Le consentement des parties revêtu des formes prescrites par les lois de l'église et de l'état, constitue l'essence du mariage.

Le contrat étoit dans notre ancien droit, un acte accessoire, mais ordinaire, par lequel les parties et leurs familles veilloient, sous l'autorité de la loi, à la conservation et à la transmission des propriétés présentes et futures de ceux qui devoient être unis par le lien naturel et sacré du mariage.

Les rédacteurs de nos coutumes avoient recueilli celles d'entre ces conventions qui étoient d'un usage plus ordinaire, dans chaque province : elles étoient devenues la loi des parties qui n'y avoient pas dérogé ; c'est ce que les jurisconsultes exprimoient en disant que *la coutume étoit le contrat de ceux qui n'en avoient point.*

Comme accessoire d'un engagement perpétuel et irrévocable, source de toute population légitime, le contrat de mariage n'intéresse pas seulement les futurs, mais aussi leurs familles. De là l'usage d'y appeler les parens des parties contractantes, et cette maxime générale de notre ancien droit qui annulloit toutes contre-lettres passées hors la présence des parens qui avoient assisté au contrat.

Ce contrat étoit susceptible de toutes conventions qui ne sont pas contraires aux bonnes mœurs, ou prohibées par des lois précises qui tiennent à l'ordre public.

La faveur du contrat de mariage ne validoit donc ni les décharges du compte de tutelle, ni les libéralités proscrites par l'ordonnance de 1539, des mineurs au profit de leurs tuteurs, curateurs, autres que les ascendans non remariés, avant qu'ils eussent rendu compte, ni celles interdites aux convo-

lans à de secondes noces, par l'article 279
de la coutume, qui a répété les dispositions
de l'édit des secondes noces de 1560, dont
nous parlerons au n°. II, ni les conventions
par lesquelles les père et mère eussent
donné atteinte à la légitime de leurs autres
enfans ; mais elle l'emportoit sur les dispositions générales des lois, qui admettoient
ou excluoient la communauté conjugale, qui
distinguoient les dispositions entre-vifs des
actes testamentaires, et autres de cette nature.

C'est sur ce principe qu'étoient fondées
*les institutions d'héritiers par contrat de
mariage, les nominations d'aîné ou principal héritier, les assurances de tout
ou de partie de la succession,* non
sans donner naissance à des questions épineuses, trop souvent par l'impéritie des
rédacteurs de ces actes qui, à force d'accu-
muler des expressions dont ils n'avoient pas
senti toute la différence, telles que celles ci,
donne èt assure, dont l'une suppose tradition au moins d'un droit incorporel, l'autre
une simple espérance, rendoient équi-
voque l'intention des parties ; enfin *les
renonciations* à successions futures, proscrites expressément par le droit romain ;

mais autorisées parmi nous dans les contrats
de mariage, en faveur des mâles, adoptée
par une jurisprudence constante, devenue
le droit commun en cette matière. J'en ai
parlé au titre *des Successions.*

Comme libéralités résultantes d'un acte
entre-vifs, ces conventions étoient irrévocables; elles n'étoient pas sujettes aux réserves coutumières dans les propres. Comme
conventions relatives à la succession, elles
conservoient au donateur la propriété des
biens donnés, et le droit de les engager, de
les aliéner même à titre onéreux, pourvu
qu'il ne dérogeât pas, par une nouvelle
libéralité, au droit acquis aux conjoints par
la convention matrimoniale, qui se réalisoit
lors de l'ouverture de la succession du donateur. Les articles de notre coutume nous
fourniront d'autres exemples de l'effet de
cette liberté.

Enfin les dispositions du contrat de mariage, en quelques formes qu'elles fussent
conçues, supposoient que le mariage seroit
accompli; elles s'évanouissoient, si le changement de volonté des parties, ou d'autres
circonstances, mettoient obstacle au mariage
projeté.

I.

Le contrat de mariage est un traité entre les deux futurs et leurs familles.

Toutes contre - lettres faites à part, et hors la présence des parens qui ont assisté au contrat de mariage, sont nulles. *Art.* 258.

II.

La coutume est le contrat de mariage de ceux qui n'en ont pas.

Femme est douée de douaire coutumier, *posé que par exprès, au traité de son mariage, ne lui ait été constitué ne octroyé aucun douaire.....* Art. 247.
Femme douée de douaire préfix, ne peut demander douaire coutumier, *s'il ne lui est permis par son contrat de mariage.....* Art. 261.

III.

Toutes conventions qui ne sont pas contraires aux bonnes mœurs, ou prohibées par des lois qui tiennent essen-

tiellement à l'ordre public, sont autorisées dans le contrat de mariage.

Premier exemple, dans le douaire préfix.
Coutume de Paris , art. 26i.

Le douaire, soit en espèce, rente ou
deniers, promis à une femme, n'est qu'à la
vie de la femme tant seulement, s'il n'y a
enfans nés et procréés du mariage, et doit
tel douaire, après le trépas de la femme,
revenir aux héritiers, *s'il n'y a contrat au
contraire.*

Second exemple, séparation de biens, par
contrat de mariage. *Ibid.*

La séparation, de l'autorité de la justice,
(à plus forte raison le divorce, depuis qu'il
est toléré parmi nous) dissout la communauté formée par la loi , ou par le contrat
de mariage; la clause de séparation de biens,
dans le contrat de mariage l'empêche de se
former.

Troisième exemple. Les dettes des conjoints, antérieures au mariage, qui dimi-
nuent de droit la communauté conjugale,
en pouvoient être exclues, par une convention dans le courant de mariage.

Combien qu'il soit convenu entre deux

conjoints, qu'ils paieront séparément leurs dettes faites auparavant leur mariage ; ce néanmoins ils en sont tenus, s'il n'y a inventaire préalablement fait ; auquel cas ils demeurent quittes, en représentant l'inventaire ou l'estimation d'icelui. *Art.* 222.

N. B. Cette stipulation ne préjudicioit pas au droit des tiers ; ainsi les créanciers du mari, antérieurs au mariage, pouvoient saisir les biens de la communauté, et les fruits des propres de la femme qui entroient dans la communauté, et étoient en la puissance du mari pendant le mariage ; les créanciers de la femme pouvoient arrêter les revenus de ses propres, les saisir réellement, etc. pour dettes antérieures au mariage ; mais la clause de séparation de dettes obligeoit les conjoints à s'indemniser réciproquement, lors du partage de la communauté.

L'inventaire exigé par cet article de notre coutume, avoit pour objet d'éviter les avantages indirects entre conjoints, prohibés par l'art. 282 de notre coutume, que des reconnoissances des dettes simulées eussent rendu trop faciles.

Quatrième exemple. Stipulation en faveur des père et mère, dans le contrat de mariage de leurs enfans, de l'usufruit des meubles et conquêts de leur communauté.

Père et mère, mariant leurs enfans, peuvent convenir que leursdits enfans laisseront jouir le survivant de leursdits père et mère, des meubles et conquêts du prédécédé, la vie durant du survivant, pourvu qu'ils ne se remarient ; *et n'est réputé tel accord, avantage entre lesdits conjoints.* Art. 281.

N. B. Cet article étoit, comme nous l'avons observé, une exception à l'article 282 de notre coutume, qui défendoit aux conjoints, par mariage, *de s'avantager, par donation faite entre-vifs, par testament ou ordonnance de dernière volonté, ne autrement, directement ou indirectement, sinon par don mutuel ;* elle correspondoit au don mutuel autorisé entre les conjoints qui n'ont pas d'enfans. *Voyez* ci-dessus.

IV.

Le crime de l'un des conjoints ne donnoit pas atteinte à l'exécution des conventions portées dans son contrat de mariage.

Le mari confisque seulement *la moitié des meubles et conquêts immeubles, et tous ses propres, à la charge du douaire coutumier du préfix de la femme ;* et la femme ne *confisque,* au préjudice du mari, *que ses propres seulement.* Art. sect. 6.

V.

Le mariage émancipoit le mineur.

Voyez le titre *des Personnes.*

N°. II.

Des dispositions de ceux qui convolent à de secondes noces.

Différons, quant à présent, de nous occuper de cet objet, pour réunir à la fin de ce long titre tout ce que notre droit ancien et nouveau renferment sur cette matière.

C'est trop long-temps nous égarer dans le labyrinthe de nos lois anciennes ; hâtons-nous d'en sortir.

SECTION II.

Des donations entre-vifs et des testamens.

Dispositions générales.

DROIT NOUVEAU.

« Le code civil, qui a pour objet les
» donations entre-vifs et les testamens, (dit
» l'orateur du gouvernement) rappelle tout
» ce qui peut intéresser l'homme le plus
» vivement, tout ce qui peut captiver ses
» affections.

» C'est surtout lorsque l'homme voit
» approcher le terme de sa vie, qu'il s'oc-
» cupe du sort de ceux qui doivent, après
» sa mort, le représenter. C'est alors qu'il
» prévoit l'époque où il ne pourra plus, en
» tenant une balance juste, rendre heureux
» tous les membres de sa famille, où les
» bons parens envers lesquels il avoit réel-
» lement des devoirs à remplir, ne se dis-
» tingueront plus de ceux qui n'aspiroient
» qu'à la possession de ses biens.

» C'est dans le temps où la parque fatale

» commence à être menaçante, que l'homme
» cherche sa consolation, et le moyen de se
» résigner avec moins de peine à la mort,
» en faisant à son gré la disposition de sa
» fortune. » *Discours du conseiller d'état*
Bigot-Préameneu.

Dans le projet que les rédacteurs du nouveau code avoient formé de renfermer dans une même loi tout ce qui regarde les donations entre-vifs et testamentaires, il étoit nécessaire de marquer d'abord les points de contact des deux matières ; d'entrer ensuite dans les détails propres à chacune d'elles ; de les réunir enfin en traitant de quelques objets communs aux deux formes de disposer. Telles sont les trois parties dans lesquelles se divise la nouvelle loi. Nous nous y conformerons, autant que l'ordre que nous nous sommes prescrit, pourra le permettre.

I.

Définition des donations entre-vifs et testamentaires, et proscription des anciennes donations à cause de mort.

« La donation entre-vifs est un acte par

» lequel le donateur se dépouille actuelle-
» ment et irrévocablement de la chose
» donnée, en faveur d'un donataire qui
» l'accepte.

» Le testament est un acte par lequel le
» testateur dispose, pour le temps où il
» n'existera plus, de tout ou de partie de
» ses biens, et qu'il peut révoquer. » *Code
civil, livre III, titre II, art.* 184 *et* 185.

Ces mots de l'article 184 : *se dépouille
actuellement et irrévocablement*, ne re-
çoivent d'exception que des seules conventions matrimoniales, comme il sera dit ci-
après.

Ainsi subsiste dans toute sa force la proscription prononcée par les articles 3 et 4 de
l'ordonnance de 1731 ; du genre bâtard des
donations à cause de mort, dispositions
mitoyennes entre les donations entre-vifs et
testamentaires, ne participant ni à l'irrévocabilité des unes, ni aux formalités prescrites pour assurer l'exécution des autres,
source intarissable de procès.

Leur existence, dans l'ancien droit, ne
tenoit qu'à la liaison intime du testament contenant institution d'héritier et des codicilles
qui ne renfermoient pas cette institution.

Aussi le même empereur qui avoit isolé les codicilles du testament, les avoit-il « presqu'entièrement assimilés aux legs. » *A nobis constitutum est, ut per omnia fere legatis connumeretur,* inst. *de don.* §. 1.; c'est-à-dire, comme l'observe le docte Vinnius, qu'elles n'en différoient que par la forme extérieure.

Long-temps avant l'ordonnance de 1731, elles étoient proscrites dans notre coutume, par ce peu de paroles de l'art. 273, *donner et retenir ne vaut.*

I I.

Des conditions impossibles ou contraires aux lois ou aux bonnes mœurs imposées aux donations et aux testamens.

« Dans toute disposition *entre-vifs ou* » *testamentaires,* les conditions impossi- » bles, celles qui seront contraires aux lois » et aux mœurs, seront réputées non » écrites. » *Code civil, ibid, art.* 190.

N. B. Ici le nouveau code diffère essentiellement du droit romain, qui distinguoit les conditions impossibles apposées aux dispositions testamentaires, de celles apposées aux conventions.

Les premières, comme le porte l'article du nouveau code, étoient censées non écrites.

Obtinuit impossibiles conditiones testamento adscriptas, pro nullis habendas. L. 3. dig. cond et dem.

« Il a prévalu que les conditions impos-
» sibles apposées aux dispositions testamen-
» taires fussent regardées comme nulles. »

Les conditions contraires aux lois et aux mœurs sont dans le même cas.

Quæ facta lædunt pietatem, æstimationem, verecundam nostram, et ut generaliter dixerim, contra bonos mores fiunt, nec facere posse nos credendum est. L. 15. de cond. inst.

« Les actions qui blessent la piété, notre
» renommée, nótre honneur, tout ce qui
» est contraire aux mœurs, est jugé impos-
» sible. »

De telles conditions sont censées non écrites, sans donner atteinte à l'institution d'héritier ni aux legs. *L. 14. dig. eod.*

Il n'en étoit pas ainsi des conventions entre-vifs : la condition impossible annulloit la convention.

Non solum stipulationes impossibili conditioni applicatæ nullius momenti sunt, sed etiam cæteri quoque contractus. L. 31. dig. de obl. et act.

« Non-seulement les stipulations char-
» gées d'une condition impossible sont de
» nul effet, mais aussi tous les autres con-
» trats. »

Comment en effet séparer la convention, de la condition qui y a été apposée! Je ne vous ai donné que sous une telle condition; si la condition est impossible, l'acte est dérisoire; si elle est contraire aux lois, aux bonnes mœurs, le donateur et le donataire sont également coupables, l'un d'avoir exigé cette condition, l'autre d'y avoir souscrit. Comment récompenser le donataire, d'un crime auquel il a participé! la chose demeure donc à celui qui en étoit propriétaire avant que le contrat eût été souscrit. Telle étoit la distinction que faisoient les lois romaines. Le nouveau code répute ces conditions comme non écrites, en quelque acte qu'elles soient contenues.

Il n'en est pas ainsi de la disposition entre-vifs ou testamentaire, par laquelle l'usufruit sera donné à l'un, et la nue

propriété à l'autre. *Code civil , ibid.,
art.* 189. Car ce n'est pas donner et retenir,
dit l'art. 275 de la coutume de Paris, de se
réserver l'usufruit de la chose donnée. J'en
ai dit la raison, sect. Ire., que l'usufruitier
possède pour et au nom du propriétaire.

Si le donateur peut se réserver cet usufruit , pourquoi ne lui seroit-il pas permis
d'en disposer au profit d'un tiers ?

III.

Des divers genres de substitutions
repoussées et adoptées par le nouveau
code.

Une loi du mois d'octobre 1792 avoit
aboli, parmi nous, tous les genres de substitutions.

Le nouveau code la confirme avec une
généralité qui ne semble pas susceptible
d'exception.

« Les substitutions sont prohibées. »
Code civil, ibid, art. 186.

Et néanmoins entre les substitutions di-
rectes, comme les nomment les jurisconsultes, la substitution *vulgaire* est conser-

vée dans les mêmes termes que les instituts emploient pour la définir.

Potest quis in testamento suo plures gradus hæredum facere : utputà si ille hæres non erit, ille hæres esto, et deinceps in quantum velit testator substituere potest. Inst. *de vulg. subst.*

« Le testateur peut, dans son testament, » établir plusieurs degrés (parallèles) d'hé-» ritiers. Exemple : *Si celui-ci n'est pas* » *héritier, que celui-là le soit,* et en » substituer ainsi autant qu'il voudra les » uns aux autres.... »

« La disposition par laquelle un tiers » seroit appelé à recueillir le don, l'héré-» dité, ou le legs, *dans le cas où le dona-*» *taire, l'héritier institué ou le legataire* » ne la recueilleroient, *ne sera pas regar-*» *dée comme une substitution,* et sera » valable. » *Code civil, ibid, art.* 188.

De telles dispositions ne sont pas des substitutions, en ce qu'elles ne forment pas un nouvel ordre de successions résultant de la volonté de l'homme ; seul objet de la prohibition de la loi.

Mais elles renferment subrogation d'une

personne à une autre, et ainsi de suite de plusieurs ; car nulle loi ne le défend.

Il n'en est pas ainsi de la substitution pupillaire, dont voici la formule tracée par les instituts : *Titius filius meus hæres esto, et si filius meus..... prius moriatur quam in suam potestatem venirit ; id est , ante quam pubes factus fuerit, tunc Seius hæres esto. Ibid , de pupillari subst.*

« Que Titius , mon fils, (en puissance)
» soit mon héritier ; et s'il décède avant de
» jouir de ses droits, c'est-à-dire, d'être
» parvenu à la puberté, que Seius soit mon
» héritier. »

Dans ce cas, Titius, quoique impubère, a recueilli ; et par conséquent son droit ne pourroit passer à un autre en vertu du testament, sans contravention à la loi nouvelle.

Il en faut dire autant de la substitution exemplaire, introduite par Justinien, *ibid ,* §. 1er. , en cas de démence, de fureur, d'imbécillité de l'héritier institué, qui décède avant d'être revenu à résipiscence ; de la substitution compendieuse, formule abrégée qui renferme les trois espèces. *Ibid, §. 3.*

Passons à la substitution fidéi-commissaire, qui est celle qu'on désigne plus com-

munément sous le nom générique de substitution ; celle aussi sur laquelle portent
spécialement les dispositions du nouveau
code.

Rien de si éloquent que l'énergie avec
laquelle l'orateur du gouvernement nous
en montre l'origine et les dangers.

« Parmi les règles communes à tous les
» genres de dispositions que l'on a placés
» en tête de la loi, la plus importante est
» celle qui confirme l'abolition des *substi-*
» *tutions fidéi-commissaires.*

» Cette manière de disposer, dont on
» trouve les premières traces dans la législ-
» lation romaine, n'entra point dans son
» système primitif de transmission des
» biens.....

» L'esprit de fraude introduisit les subs-
» titutions : l'ambition se saisit de ce moyen,
» et l'a perpétué.....

» L'expérience a prouvé que, dans les
» familles opulentes, cette institution,
» n'ayant pour but que d'enrichir l'un des
» membres en dépouillant les autres, étoit
» un germe toujours renaissant de discorde
» et de procès.....

« Chaque grevé de substitution n'étant

» qu'un usufruitier, (je crois avoir prouvé
» que cette proposition n'est pas entière-
» ment exacte) avoit un intérêt contraire
» à celui de toute amélioration; ses efforts
» tendoient à multiplier et anticiper les
» produits qu'il pourroit retirer des biens
» substitués, au préjudice de ceux qui se-
» roient appelés après lui, et qui cherche-
» roient à leur tour une indemnité dans de
» nouvelles dégradations.

» Une très-grande masse de propriétés se
» trouvoit perpétuellement hors du com-
» merce; les lois qui avoient borné les
» substitutions à deux degrés, n'avoient
» point paré à cet inconvénient; celui qui,
» aux dépens de sa famille entière, avoit
» joui de toutes les prérogatives attachées à
» un nom distingué et à un grand patri-
» moine, ne manquoit pas de renouveler
» la même disposition; et si, par le droit,
» chacune d'elles étoit limitée à un certain
» temps, elles devenoient, par le renou-
» vellement des substitutions, perpétuelles.

» Ceux qui étoient chargés des dépouilles
» de leurs familles avoient la mauvaise foi
» d'abuser des substitutions, pour dépouil-
» ler aussi leurs créanciers : une grande

» dépense faisoit présumer une grande
» richesse ; le créancier qui n'étoit pas à
» portée de vérifier les titres de propriété
» de son débiteur, ou qui négligeoit de faire
» cette perquisition , étoit victime de sa
» confiance..... Enfin , si les substitutions
» peuvent être mises au nombre des insti-
» tutions politiques, on y supplée d'une
» manière suffisante et propre à prévenir
» les abus, en donnant, pour disposer,
» toute la liberté compatible avec les devoirs
» de famille. » *Discours du conseiller
d'état Bigot-Préameneu.*

Tels sons les puissans motifs sur lesquels
est fondée la disposition du nouveau code :

« Toute disposition par laquelle le do-
» nataire, l'héritier institué, ou légataire,
» sera chargé de conserver et de rendre à
» un tiers sera nulle, *même à l'égard du
» donataire , de l'héritier institué, ou du
» légataire.* » Code civil, *ibid,* art. 186.

Car si la condition seule étoit viciée, et
que la disposition ne le fût pas, il seroit
facile de perpétuer les substitutions par la
même voie par laquelle elles se sont intro-
duites, celle des fidéi-commis tacites; et
d'ailleurs, en concourant, par leur accepta-

tion, à la violation de la loi, l'héritier institué, le donataire se sont rendus indignes
de profiter de la disposition.

Cependant il importe en directe, que le
père de famille soit à portée de conserver à
ses petits-enfans la fortune qu'il a amassée
par son travail et son économie, d'empêcher
qu'elle ne soit dilapidée par un fils débau-
ché ou dissipateur.

Les deux exherédations du droit romain,
ne paroient pas à cet inconvénient, ou n'y
paroient qu'avec une injustice plus grande.

La première, adoptée et étendue par les
ordonnances de nos rois, ne pouvoit être
prononcée par le testateur que dans les seuls
cas d'indignité spécifiés par la loi. Le danger
d'une profusion indiscrète et ruineuse,
n'étoit pas et ne devoit pas être placé au
nombre de ces causes. L'interdiction eût
pu y suppléer, remède violent, et très-
souvent inapplicable.

« Dans la plupart des législations, et
» dans la nôtre jusqu'aux derniers temps,
» la puissance paternelle a eu, dans l'exhé-
» rédation, un des plus grands moyens de
» prévenir et de punir les fautes des enfans.
» Mais en remettant cette arme terrible

» dans la main des pères et mères, on n'a
» songé qu'à venger leur autorité outragée...
    » Un des motifs qui a fait supprimer le
» droit d'exhérédation, (tacitement ; car je
» n'ai trouvé jusqu'ici aucun article du nou-
» veau code qui ait prononcé expressément
» la suppression de l'une ni de l'autre exhé-
» rédation) est que l'application de la peine
» à l'enfant coupable, s'étendoit à sa pos-
» térité innocente...... » *Discours du conseiller d'état Bigot-Préameneu.*

La seconde espèce d'exhérédation portée
par la loi 16, dig. *de cur. fur.*, adoptée
par notre jurisprudence, celle qu'on nommoit *exhérédation officieuse*, renfermoit
l'injustice de dépouiller le fils de famille,
au profit de ses enfans, de la nue propriété
même de sa légitime, sans qu'aucune des
causes d'exhérédation de la première espèce
s'élevât contre lui. Cette injustice étoit compensée, dira - t - on, par l'usufruit que le
père de famille lui laissoit de la totalité de
sa part héréditaire, dont il auroit pu lui
enlever, dans les pays de droit écrit, les
deux tiers ou la moitié, suivant le nombre
des enfans, la moitié dans notre coutume,
en le réduisant à sa légitime. — D'accord,

quand le testateur lui laissoit l'usufruit de toute sa part héréditaire ; mais il suffisoit, pour la validité de la disposition , qu'il laissât à son fils « une jouissance suffisante » pour fournir à ses alimens. » *Certum quid alimentorum nomine.* — « Le père ne pou- » voit prononcer l'exhérédation officieuse » qu'en la motivant. » *Additâ causâ et necessitate judicii sui.* — Mais étoit-il seul juge de l'importance du motif qui l'avoit déterminé ? le magistrat n'étoit-il que l'exé- cuteur de son jugement, ou avoit-il le droit de repousser la cause énoncée ? ce qui est plus conforme à nos maximes et à l'équité. Dans tous les cas, vous engagiez un procès scandaleux, tendant à flétrir la mémoire du père, ou la renommée du fils.

Voyons comment le nouveau code pare à ces inconvéniens. L'article 187 porte une exception à la prohibition générale de l'art. 186.

« Sont exceptées de l'article précédent » les dispositions permises aux pères et » mères , et aux frères et sœurs, au cha- » pitre V du présent titre. »

Ce qui nous nécessite de rapprocher ici et d'analyser ce chapitre.

La légitime des enfans, beaucoup plus considérable aujourd'hui qu'elle n'étoit autrefois, ainsi qu'il sera prouvé par la suite, dégagée de cet embarras de quarte falcidie, quarte trébellianique, quarte légitimaire, sera à l'abri de toute atteinte.

Quant « aux biens dont les père et mère » ont la faculté de disposer, ils pourront » être par eux dounés, en tout ou en par- » tie, *à un ou plusieurs* de leurs enfans, » par actes entre-vifs ou testamentaires, *à* » *la charge de rendre ces biens aux en-* » *fans nés et à naître,* AU PREMIER DEGRÉ » SEULEMENT desdits donataires. » *Code civil, ibid, chap. V, art.* 337.

Dans notre droit actuel, qui admet le principe de la loi romaine, *uniquum hominis patrimonium,* « un seul patrimoine à » chaque homme, » sans distinction de l'origine des biens, il importe de veiller, autant qu'il est possible, même en collatérale, à ce que ces biens ne soient pas exposés à une perpétuelle fluctuation occasionnée par la séduction, par un enthousiasme passager, par le caprice du moment.

« Le système de la distinction des biens » en propres et acquêts (admis dans nos

» coutumes), avoit principalement pour
» objet de conserver les mêmes biens dans
» chaque famille.

» On vouloit maintenir et multiplier les
» rapports propres à entretenir, même
» entre les parens d'un degré éloigné, les
» sentimens de bienveillance et cette res-
» ponsabilité morale qui supplée si effica-
» cement à la surveillance des lois ; resser-
» rer et multiplier les liens des familles ; tel
» fut et tel sera toujours le ressort le plus
» utile dans toutes les formes de gouver-
» nement, et la plus sûre garantie du bon-
» heur public...... La conservation des
» mêmes biens, sous le nom de propres, a
» pu s'établir, et avoir de bons effets dans le
» temps où les ventes des immeubles étoient
» très-rares, et où l'industrie n'avoit aucun
» ressort.

» Mais depuis que la rapidité du mou-
» vement commercial s'est appliquée aux
» biens immobiliers comme à tous les au-
» tres ; depuis que les propriétaires, habi-
» tués à dénaturer leurs biens, ont pu faci-
» lement secouer le joug d'une loi qui les
» privoit de la faculté de disposer des pro-
» pres, il a été aussi facile que fréquent de

Successions. — Donations, etc. 21

» s'y soustraire ; elle est devenue impuis-
» sante pour atteindre son but, et lorsqu'elle
» eût dû être le lien des familles, elle les
» troubloit par des procès sans nombre.

» Les habitans de droit écrit opposent
» aux usages introduits dans les pays de
» coutumes, pendant quelques siècles, une
» expérience qui remonte à l'antiquité la
» plus reculée.

» Ils citent l'exemple toujours mémo-
» rable de ce peuple, qui, de tous ceux
» de la terre, est celui qui a le plus étudié
» et perfectionné la législation..... Enfin,
» ils donnent pour modèle cette harmonie
» qui, dans les pays de droit écrit, rend les
» familles si respectables. Là, bien plus fré-
» quemment que dans les pays de coutumes,
» se présente le tableau de ces races patriar-
» chales, dans lesquelles ceux à qui la Pro-
» vidence a donné de la fortune, n'en
» jouissent que pour le bonheur de ceux
» qui se rendent dignes d'être admis dans
» la famille. »

Discours du conseiller d'état Bigot-
    Préameneu.

Comment dans ces provinces, à défaut de
propres, la loi pourvoit-elle à la conserva-

tion des biens dans les familles? — Par les substitutions.

Comment le nouveau code y supplée-t-il? — En accordant aux frères et sœurs, relativement à leurs neveux et nièces, le même droit qu'il accorde aux aïeux en faveur de leurs petits-enfans.

« Sera valable, en cas de mort sans en-
» fans, la disposition que le défunt aura
» faite par acte entre-vifs ou testamentaire,
» au profit *d'un ou de plusieurs de ses*
» *frères ou sœurs*, de tout ou de partie,
» *des biens qui ne sont pas réservés par*
» *la loi*, dans sa succession, à la charge de
» rendre les biens *aux enfans nés ou à*
» *naître*, AU PREMIER DEGRÉ SEULEMENT,
» desdits frères ou sœurs donataires. » *Ibid.*
Art. 338.

« Les dispositions permises par les deux
» articles précédens, ne seront valables
» qu'autant que *la charge de restitution*
» *sera au profit de tous les enfans nés ou à*
» *naître du grevé, sans exception d'âge*
» *ou de sexe.* » Ibid. *Art.* 339.

L'orateur du gouvernement reconnoît qu'il est possible que les père et mère *qui sont seuls juges des motifs qui les portent à disposer ainsi,* aient seulement intention de favoriser le grevé et sa postérité; et cependant cette préférence aveugle est moins à craindre, quand elle se borne au premier degré et porte sur tous les enfans du grevé sans distinction, que s'ils avoient le droit d'établir un nouvel ordre de succession, tel qu'il existoit, par la seule volonté de l'homme, dans les pays de droit écrit, et dans la grande majorité de nos coutumes.

Ce que le droit nouveau leur accorde « est une substitution en ce qu'il y a trans- » mission successive de l'enfant donataire » aux petits-enfans. » *Discours du conseiller d'état Bigot-Préameneu.*

Ce n'en est pas une, en ce que l'ordre de la succession légitime est rétabli presqu'aussitôt que dérangé.

La preuve résulte de l'article du nouveau code qui suit immédiatement ceux qui viennent d'être transcrits.

Dans notre ancien droit, point de représentation en matière de substitution. Si l'un de plusieurs appelés venoit à décéder avant le grevé, sa portion ne passoit pas à ses enfans; ils n'étoient pas dans la vocation, disoient les jurisconsultes; elle appartenoit

aux appelés survivans, ou devenoit libre
dans la main du grevé.

« Ceux qui sont appelés à une substitu-
» tion, et dont le droit n'aura pas été ouvert
» avant leur décès ; ne pourront, en aucun
» cas, être censés en avoir transmis l'espé-
» rance à leurs enfans et descendans. »
Ord. de 1747, *art.* 20.

« La représentation n'aura point lieu, soit
» en directe, soit en collatérale. » *Ibid.*
Art. 21.

Il n'en sera pas ainsi dans le nouveau droit.

« Si .... le grevé de restitution au profit
» de ses enfans meurt laissant des enfans au
» premier degré, et des descendans d'un
» enfant prédécédé, ces derniers recueille-
» ront, par représentation, la portion de
» l'enfant prédécédé. » *Ibid.* Art. 340.

Ne disputons pas sur les mots.

En établissant ce nouvel ordre, il falloit
l'organiser.

C'est l'objet de tous les articles de ce chapitre V, qui suivent ceux que nous avons
rapportés.

Ils sont puisés dans les lois romaines en
matière de substitution fidéi-commissaire.
Comparons-les d'après l'ordonnance de

1747, qui renfermoit, dans notre ancien droit, les principes les plus purs sur cette matière.

(1) « Si l'enfant , le frère et la sœur aux-
» quels des biens auroient été donnés *par*
» *acte entre-vifs*, sans charge de restitu-
» tion , acceptent une nouvelle libéralité
» faite *par acte entre-vifs ou testamen-*
» *taire*, sous condition que les biens précé-
» demment donnés demeureront grevés de
» cette charge, il ne leur sera plus permis
» de diviser les deux dispositions faites à
» leur profit, et de renoncer à la seconde,
» pour s'en tenir à la première, quand même
» ils offriroient de rendre les biens compris
» dans la seconde disposition. » *Code civil,*
ibid , art. 341.

« Les biens qui auront été donnés par un
» contrat de mariage ou par une donation
» entre-vifs, sans aucune charge de substi-
» tution, ne pourront en être grevés par une
» donation ou disposition postérieure, en-
» core qu'il s'agisse d'une donation faite par
» un père à ses enfans, que la substitution
» comprenne expressément les biens don-
» nés, et qu'elle soit faite en faveur des
» enfans ou descendans du donateur ou du
» donataire. » *Ord. de 1747, t. 1 , art. XIII.*

N. B. C'est la conséquence de la tradition et de l'irrévocabilité des donations entre-vifs.

Ces mots *encore que*, etc.; et les articles 14 et 15, indiquent le labyrinthe de procès auxquels les seules lois romaines et la diversité des arrêts des parlemens, interprétatifs de ces lois, avoient donné naissance.

« N'entendons rien innover par les articles
» 13, 14 et 15, *en ce qui concerne les dis-*
» *positions par lesquelles le donateur fe-*
» *roit une nouvelle libéralité au dona-*
» *taire, soit entre-vifs ou à cause de*
» *mort, à condition que les biens qu'il*
» *avoit précédemment donnés demeure-*
» *roient chargés de substitution;* et en cas
» que ledit donataire accepte la nouvelle
» libéralité faite sous cette condition, il ne
» lui sera plus permis de diviser les deux
» dispositions faites à son profit, et de re-
» noncer à la seconde pour s'en tenir à la
» première, quand même il offriroit de
» rendre les biens compris dans la seconde
» disposition, avec les fruits par lui per-
» çus. » *Ibid, t.* 1, *art.* 21.

(2) Dans notre ancien droit, qui admettoit plusieurs degrés de substitution, la res-

titution anticipée du fidéi - commis eût
dérangé l'ordre établi par le testateur, si
celui qui se trouvoit dans la vocation, à
l'époque de la restitution, décédoit avant le
grevé. Ce danger n'existe plus, au moyen
de ce que la charge de restitution, autorisée
par la loi, est réduite à un seul degré ; mais
un débiteur insolvable priveroit, par une
telle restitution, ses créanciers du droit
qu'ils eussent eu, et sur les fruits des biens
restitués pendant la vie du grevé, et sur la
propriété, en cas que les appelés vinssent à
décéder avant lui. C'est ce que les lois anciennes et le nouveau code ont prévu.

« La restitution anticipée du fidéi-com-
» mis, faite avant le temps de son échéance,
» par quelqu'acte que ce soit, ne pourra em-
» pêcher que les créanciers du grevé de
» substitution, *qui seront antérieurs à la-*
» *dite remise,* ne puissent exercer sur les
» biens substitués, les mêmes droits et
» actions que s'il n'y avoit pas eu de resti-
» tution anticipée ; et ce, jusqu'au temps
» où le fidéi - commis devra être restitué ;
» *ce qui aura lieu même à l'égard des*
» *créanciers chirographaires,* pourvu que
» leurs créances aient une date certaine

» avant ladite remise. » *Ordonnance de
1747, t. 1, art. XLII.*

« Les droits des appelés seront ouverts à
» l'époque où, *par quelque cause que ce
» soit,* la jouissance de l'enfant, du frère
» ou de la sœur, grevés de restitution, ces-
» sera. L'abandon anticipé de la jouissance,
» au profit des appelés, ne pourra préjudi-
» cier aux droits des créanciers antérieurs à
» l'abandon. » *Code civil,* ibid, art. 342.

N. B. Ces mots, *par quelque cause que ce soit.*
Dans notre ancien droit, la mort civile ne donnoit
pas ouverture au fidéi-commis; la jouissance qui
appartenoit au grevé jusqu'à sa mort naturelle, si
l'auteur de la substitution ne l'avoit pas limitée,
faisoit partie de la confiscation qui appartenoit au
roi ou au seigneur haut-justicier, représentans de la
chose publique. L. 48, dig. *de jure fisci.* Dans
nos nouvelles lois, la confiscation étant abolie, la
mort civile équivaut en tout à la mort naturelle.
Voyez le titre *des Personnes.*

(3) La loi 22, §. 4, *ad S. C. trebellianum,*
propose cette espèce : « Un père ayant une
» fille unique, l'institue son héritière avec
» charge de substitution à Titius, si elle dé-
» cédoit sans enfans. Cette fille se marie, et
» apporte à son époux une dot dont la quo-
» tité est fixée par le contrat de mariage.

» Elle décède ensuite sans enfans, ayant
» institué son époux son héritier universel.
» On demande si l'époux, restituant le fidéi-
» commis, sera autorisé à retenir la dot;
» (car, dans le droit romain, le mari étoit
» propriétaire de la dot de sa femme, *do-*
» *minus dotis*, comme parlent les juris-
» consultes, non sans être obligé de la
» restituer à la dissolution du mariage; mais
» celui-ci, ayant été institué héritier, con-
» servoit cette propriété.) Le jurisconsulte
» répond qu'on ne peut pas prétendre que
» cette constitution dotale, ni le testament
» de la femme soient une fraude au fidéi-
» commis, puisque l'auteur de la substitu-
» tion, ne l'ayant établie qu'à défaut d'en-
» fans, étoit censé avoir autorisé sa fille à
» contracter tous les engagemens matrimo-
» niaux; et, par conséquent, que le mari
» survivant est en droit de retenir sur la
» substitution, ce qui manquera dans les
» biens libres de la femme, pour com-
» pléter la dot stipulée par son contrat de
» mariage. »

*Cum proponeretur quidam filiam suam
hæredem instituisse, et rogasse eam ut si
sine liberis decessisset hæreditatem Titio*

restitueret, eamque dotem marito dedisse
certæ quantitatis, mox decedens sine libe-
ris, hæredem instituisse maritum suum ,
et quæreretur an dos detrahi posset : dixi
non posse dici in eversionem fidei-com-
missi factum quod et mulieris pudititiæ et
patris voto congruebat. Qaare dicendum
est dotem decedere , ac si quod superfuis-
set rogata esset restituere.

C'est ce qu'on nommoit, dans notre ancien droit, l'hypothèque subsidiaire de la
dot sur les biens substitués.

Justinien, toujours favorable aux femmes,
avoit étendu ce droit à tous les avantages
portés au contrat de mariage ; ce qui donnoit lieu, parmi nous, à une multitude de
procès, tant dans les pays de droit écrit,
que dans les pays de coutume, pour distinguer les avantages ordinaires, d'une profusion qui tendroit à épuiser le fidéi-commis :
c'est l'objet des articles XLIV, XLV et suiv.
de l'ordonnance de 1747.

« L'hypothèque ou le recours subsidiaire
» accordé aux femmes sur les biens substi-
» tués, en cas d'insuffisance des biens libres,
» aura lieu, tant pour le fond ou capital
» de la dot, que pour les fruits et intérêts

» qui en sont dus. » *Ordonnance de 1747,*
tit. I, art. XLV et suiv.

« Ladite hypothèque aura lieu pareille-
» ment, en faveur de la femme et de ses
» enfans, tant pour le fond, que pour les
» arrérages du douaire, etc. etc. » *Ibid,*
art. XLV et suiv.

Le nouveau code réduit cette hypothèque
à son origine primitive, le fond de la dot,
non les intérêts et arrérages, quoiqu'ils aient
de droit la même hypothèque que le principal ; et il exige en outre une disposition
expresse dans le contrat ou dans le testament de l'auteur de la restitution qui l'ait
ainsi ordonné.

« Les femmes des grevés ne pourront
» avoir, sur les biens à rendre, de recours
» subsidiaire , en cas d'insuffisance des
» biens libres, que pour *le capital des*
» *deniers dotaux, et dans le cas seule-*
» *ment où le testateur l'auroit ainsi or-*
» *donné.* » Code civil , *ibid,* art. 343.

(4) Les lois romaines avoient pourvu à
la sûreté des substitutions fidéi-commissaires, en obligeant le grevé de faire inventaire et de donner caution. L. 2. C. *ut in*
poss. leg. vel. fidei-com. satisdare cog.

Les ascendans étoient seuls exempts de donner caution, à moins que l'auteur de la substitution ne l'eût expressément exigé, ou qu'ils fussent remariés. L. 6. C. *ad S. C. Trebell.*

L'ordonnance de 1747 avoit pourvu à la sûreté des appelés aux substitutions fidéi-commissaires, par la publication et l'enregistrement des actes contenant substitution, par l'envoi en possession du grevé, sur les conclusions du ministère public, par la nécesssité de l'inventaire, par celle de l'homologation de toutes les transactions et autres actes relatifs aux substitutions, également sur les conclusions du ministère public; par l'attribution de toutes ces formalités, et de toutes les contestations relatives aux fidéi-commis, aux bailliages et sénéchaussées ressortissant nûment aux parlemens, par la privation des fruits, imposée au grevé qui n'avoit pas pris les précautions exigées par la loi pour assurer le droit des appelés. *Voyez* le tit. II de l'ordonnance de 1747.

Le nouveau code autorise les père et mère, frères et sœurs, auteurs de la charge de restitution, à nommer, par un acte au-

thentique, un tuteur pour veiller à l'exécution de leurs volontés, *qui ne pourra être
dispensé* que pour les mêmes causes qui
exemptent de la tutelle des mineurs. Si l'auteur de la charge de restitution n'a pas
nommé de tuteur, la loi oblige le grevé
d'en requérir la nomination dans le mois, à
compter du jour auquel il a eu, ou dû avoir
connoissance de la charge qui lui est imposée ; *à peine de privation de sa jouissance,
et d'ouverture du droit des appelés,* qui
sera requise, soit par eux, soit par leurs
tuteurs ou curateurs, soit par tout autre
parent, soit enfin par le ministère public
près le tribunal de première instance du
lieu où la succession est ouverte. *Code
civil,* ibid, *art.* 344, 345, 346.

(5) Au moyen de cette nomination d'un
surveillant perpétuel pour l'intérêt des grevés, le nouveau code ne fait pas mention
de la publication solennelle à l'audience, ni
de cet enregistrement aux greffes des bailliages et sénéchaussées ressortissant nuement
dans les parlemens ou conseils supérieurs
du domicile de l'auteur de la substitution,
exigées par les articles XVIII et XIX du
tit. II de l'ordonnance de 1747.

(6) Le grevé prenant possession des biens qu'il est chargé de restituer, à son défaut le tuteur à la restitution, dans le mois suivant, font procéder, dans les formes ordinaires, à l'inventaire des biens de la succession.

Le nouveau code entre, dans les articles 347 et suiv., dans le détail des meubles et effets mobiliers qui doivent être conservés en nature, de ceux qui doivent être vendus, pour le prix en être employé au profit de la restitution.

« L'emploi ordonné par les articles pré-
» cédens, sera fait en présence et à la dili-
» gence du tuteur nommé pour l'exécu-
» tion. » *Code civil, ibid, art.* 357.

« ..... Les frais seront pris sur les biens
» compris dans la disposition. » *Ibid, art.* 348.

Tous ces articles correspondent aux arti-cles, II, III, IV et suivans du titre II de l'ordonnance de 1747.

(7) « Les dispositions par actes entre-vifs
» ou testamentaires, à charge de restitu-
» tion, seront, *à la diligence*, soit du
» grevé, soit du tuteur nommé pour l'exé-
» cution, rendues publiques ; savoir, quant
» aux immeubles, *par la transcription des*

» *actes sur les registres aux bureaux des*
» *hypothèques du lieu de la situation; et*
» *quant aux sommes colloquées avec*
» *privilége sur des immeubles, par ins-*
» *cription sur les biens affectés au privi-*
» *lége.* » Code civil, ibid, art. 358.

 « Dans le cas où l'emploi ci-dessus or-
» donné aura été fait en acquisition de
» maisons ou terres , rentes foncières ou
» autres droits , ou en constitutions de
» rentes, mentionnées dans l'article précé-
» dent , (les rentes constituées étoient ré-
» putées immeubles , aux termes de l'art.
» 94 de la coutume de Paris, *voyez ci-*
» dessus, titre *des Choses* ,) voulons que,
» tant la substitution que l'acte d'emploi,
» soient publiés et registrés aux siéges de
» la qualité marquée par les articles XIX
» et XX (les bailliages et sénéchaussées),
» dans lesquels lesdites maisons ou terres,
» ou les héritages chargés desdites rentes
» foncières ou droits réels sont situés, ou
» dans lesquels lesdites rentes sont payées....
 » Dans chacun desdits siéges, il sera
» tenu un registre particulier. » *Ordonn. de*
1747, tit. II, art. XXIII, XXIV et suiv.

 (8) « Le défaut de transcription de l'acte

» contenant la disposition , pourra être
» opposé *par les créanciers et tiers-acqué-*
» *reurs,* même aux mineurs ou interdits ,
» sauf leur recours contre le grevé et contre
» le tuteur à l'exécution , *et sans que les*
» *mineurs ou interdits puissent être resti-*
» *tués contre le défaut de transcription ,*
» quand même les tuteurs se trouveroient
» insolvables. » *Code civil , ibid , art.* 359.

« *Les créanciers et tiers - acquéreurs*
» pourront opposer le défaut de publica-
» tion et d'enregistrement de la substitu-
» tion, même aux pupilles , mineurs et
» interdits, et à l'église , hôpitaux , com-
» munautés ou autres , jouissant du privi-
» lége des mineurs ; sauf le recours desdits
» pupilles , mineurs et autres ci - dessus
» nommés , contre leurs tuteurs , curateurs,
» syndics ou autres administrateurs, *et sans*
» *qu'ils puissent être restitués contre ledit*
» *défaut, quand même lesdits tuteurs ,*
» *curateurs, syndics et autres adminis-*
» *trateurs se trouveroient insolvables.* »
Ordonnance de 1747, tit. II, art. XXXII.

« Le défaut de transcription ne pourra
» être suppléé ni regardé comme couvert
» par la connoissance que les créanciers

Successions. — Donations, etc. 22

» ou les tiers acquéreurs pourroient avoir
» eue de la disposition., *par autres voies*
» *que celles de la transcription.* » Code
civil, *ibid,* art. 36o.

. « Si le grevé est mineur, il ne pourra,
» dans le même cas, être restitué contre
» l'inexécution des règles qui sont prescrites
» par le présent chapitre. » *Ibid, art.* 363.

« Le défaut de publication et d'enregis-
» trement ne pourra être suppléé ni regardé
» comme couvert par la connoissance que
» les créanciers ou tiers acquéreurs pour-
» roient avoir eue de la substitution, *par*
» *d'autres voies que celles de la publica-*
» *tion et de l'enregistrement.* Voulons que
» que le présent article soit observé, à peine
» de nullité. » *Ordonnance de* 1747, *ibid,*
art. *XXXII.*

« Les donataires, les légataires, ni même
» les héritiers légitimes de celui qui aura
» fait la disposition, ni pareillement leurs
» légataires ou héritiers, *ne pourront, en*
» *aucun cas, opposer aux appelés le dé-*
» *faut d'inscription ou transcription.* »

Code civil, *ibid,* art. 36r.

« Le tuteur nommé pour l'exécution,
» sera personnellement responsable, s'il ne

» s'est pas en tout conformé aux règles ci-
» dessus établies pour constater les biens,
» pour la vente du mobilier, pour l'emploi
» des deniers, pour la transcription et l'ins-
» cription; et en général, s'il n'a pas fait
» toutes les diligences nécessaires pour que
» la charge de restitution soit bien et fidèle-
» ment acquittée. » *Code civil, art.* 362.

N. B. Il n'y a point ici d'article correspondant dans l'ordonnance de 1747; parce que, comme je l'ai observé, la nomination d'un tuteur à la substitution n'étoit exigée par aucune de nos lois. C'est une précaution sage qui tient lieu du cautionnement des lois romaines.

IV.

De la capacité de disposer ou de recevoir, par donation entre-vifs ou par testament.

Incapacités résultantes du défaut de santé d'esprit, de l'âge, du sexe du donateur ou testateur.

Les lois qui sont la matière de ce nombre ont deux objets; les qualités auxquelles la loi reconnoît la volonté libre du donateur, pour disposer, soit entre-vifs, soit à cause de mort; celles d'où résulte une présomption légale de substitution de la volonté du donataire, de l'héritier institué, ou du légataire, à la volonté du donateur ou du testateur.

(1) Il semble superflu de dire que, pour disposer, soit entre-vifs ou par testament, il faut être sain d'esprit. *Voyez* au titre *des Personnes,* la différence de la jurisprudence ancienne et nouvelle, et des dispositions du nouveau code, relatives aux insensés qui, n'étant pas encore dans les liens de l'interdiction, paroissent avoir consigné, en des des actes soit entre-vifs, soit testamentaires, ce qu'on dit être leur volonté, des furieux qui ont disposé en des intervalles dilucides.

(2) Quant à l'âge auquel l'homme est censé avoir acquis une majorité suffisante pour disposer de ses biens, toutes nos lois anciennes et modernes ont été plus favorables aux testamens qu'aux donations entre-vifs. La raison en est, que la donation entre-vifs est un contrat, une aliénation qui dépouille irrévocablement le donateur; au lieu que le testament, se reportant au décès du testateur, admet le repentir pendant toute la durée de son existence.

Dans le droit romain, celui qui avoit
atteint l'âge de la puberté, s'il n'étoit pas
sous la puissance paternelle, jouissoit, par
la loi des douze tables, de tous les droits de
père de famille; mais sorti de la tutelle, il
retomboit, par l'édit du préteur, sous celle
des curateurs qui ne finissoit qu'à vingt-
cinq ans; émancipé, il pouvoit librement
disposer de son mobilier: les aliénations, les
donations qu'il faisoit de ses immeubles
n'étoient pas nulles; mais elles n'acquéroient
qu'à la majorité ce caractère d'irrévocabilité qui leur est propre; jusque-là le mineur
étoit restituable toutes les fois qu'il étoit
lésé. Il n'en étoit pas ainsi des testamens; la
loi n'excluoit que ceux des seuls impubères,
« parce que leur volonté est nulle : » *Præ-*
terea testamentum facere non possunt im-
puberes quia nullum est eorum animi ju-
dicium. Inst. quibus non est permiss. facere
test. §. 1.

Notre coutume établissoit une distinction entre les meubles, acquêts et conquêts,
et les propres qu'elle réservoit spécialement
aux familles : « pour donner et disposer,
» par donation et disposition faite entre-vifs,
» de tous ses meubles, héritages propres,

» acquêts et conquêts....., il faut avoir
» atteint l'âge de vingt-cinq ans. » *Art.* 272.

« Et néanmoins celui qui se marie, ou
» qui a obtenu bénéfice d'âge, peut, ayant
» l'âge de vingt ans accomplis, disposer de
» ses meubles. » *Ibid.*

« Pour disposer des meubles, acquêts et
» conquêts immeubles, faut avoir accom-
» pli l'âge de vingt ans; et pour tester du
» quint de ses propres, faut avoir accompli
» l'âge de vingt-cinq ans. » *Art.* 293.

« Et néanmoins, si le testateur n'a meu-
» bles, acquêts ou conquêts immeubles,
» peut, audit cas, tester du quint de ses
» propres après vingt ans accomplis. »
Art. 294.

Les ordonnances de 1731 et de 1735 ne
contiennent aucune disposition relative à
l'âge nécessaire pour la validité des donations et des testamens.

Le nouveau code distingue, à l'exemple
des lois anciennes, les donations entre-vifs
des testamens.

Il abandonne au droit commun de fixer
l'âge nécessaire pour la validité des donations entre-vifs, celui auquel l'homme est
capable de contracter; quant au mobilier,

quinze ans pour le mineur émancipé par ses père et mère, dix-huit pour celui qui a été émancipé par le conseil de famille.

Il étoit naturel que la faculté de tester fût plus accélérée, comme la consolation d'une mort prématurée.

Ce ne sera, comme dans les lois romaines, ni l'âge de la puberté, quatorze ans pour les mâles, douze ans pour les filles, ni l'âge auquel les père et mère sont autorisés à faire sortir leurs enfans de tutelle, par l'émancipation, quinze ans accomplis. L'on présume, dit l'orateur du gouvernement, que dans un âge si tendre l'affection des père et mère continuera d'aider de leurs conseils leurs enfans; mais le testament n'admet pas de conseils. Ce ne sera pas l'âge auquel, au défaut des père et mère, le conseil de famille est autorisé à consentir à l'émancipation des mineurs, dix-huit ans; mais un terme mitoyen entre l'un et l'autre, en réduisant toutefois cette faculté à moitié du droit du majeur.

« Le mineur, âgé de moins de seize ans, » ne pourra *aucunement* disposer, (sauf » ce qui est réglé au chap. VIII, des *Donations entre époux.*)

» Le mineur, âgé de seize ans, *ne pourra*

» *disposer que par testament, et jusqu'à*
» *concurrence seulement* DE LA MOITIÉ *des*
» *biens dont la loi permet au majeur de*
» *disposer.* » Code civil, *ibid*, chap. 1er.,
art. 193 et 194.

(3) Cette union intime des deux époux,
par laquelle la femme, passant dans une
nouvelle famille, perd jusqu'à son nom,
pour prendre celui de son époux; cette nécessité, pour tous les actes entre - vifs
où elle est partie, d'être autorisée par son
époux, ou par justice, est purement de notre
droit français.

Ces usages et ces règles furent inconnus
des Romains.

Les biens de la femme se divisoient en
deux classes; les biens dotaux, abandonnés,
au mari pour l'aider à soutenir les charges
du mariage, dont il étoit censé propriétaire,
sans pouvoir néanmoins, aux termes de la
loi *Julia*, portée sous le règne d'Auguste,
les aliéner sans le consentement de sa femme,
les hypothéquer, même du consentement de
sa femme, distinction abolie par Justinien,
qui étendit à tout l'Empire une loi qui se
bornoit aux seuls biens dotaux situés en
Italie, et défendit aussi sévèrement l'aliéna-

.tion que l'hypothèque. *Inst. quibus all. licet vel non licet, in princ. ;* et les biens parapher- naux, des deux mots grecs παρὰ φερνὴ (hors de la dot), dont la femme conservoit la faculté de disposer à sa volonté, par acte entre-vifs ou testamentaire, sans avoir besoin d'auto- risation.

L'unique changement que notre jurispru- dence eut admis dans les pays de droit écrit du ressort du parlement de Paris, consistoit à réputer dotaux tous les biens qui n'au- roient pas été stipulés paraphernaux par le contrat de mariage, ou donnés à cette condition.

Le nouveau code, se conformant à la disposition de l'article 223 de notre cou- tume, déclarant nul tout contrat souscrit par la femme mariée, sans être autorisée par son mari, ou par la justice à son défaut, abolit toutes ces distinctions.

La donation entre-vifs est un contrat ; c'est ce qui constitue son irrévocabilité.

La femme mariée ne peut donc ni donner entre-vifs, sans l'autorisation de son mari. *Code civil, ibid, ch. I, art.* 195 ; ni accep- ter, sans cette autorisation, les donations qui lui sont faites. *Ibid, ch. III, art.* 224.

Il n'en est pas ainsi du testament dont l'essence est de se reporter à une époque où le lien du mariage sera dissous.

La femme mariée n'a besoin du consentement, ni de son mari, ni de la justice, *pour disposer par testament.* Code civil, ibid, ch. I, art. 195.

(4) Cette incapacité est la seule qui soit commune à la faculté de donner, et à celle de recevoir.

L'interdit, le mineur, l'impubère, l'enfant même dans le sein de sa mère, qui est censé né toutes les fois qu'il est question de ses intérêts, sont susceptibles de recevoir par donations entre-vifs et testamentaires.

« Pour être capable de recevoir par dona-
» tion entre-vifs, il suffit d'être conçu au
» moment de la donation.

» Pour être capable de recevoir par tes-
» tament, il suffit d'être conçu à l'époque
» du décès du testateur.

» Néanmoins, la donation ou le testa-
» ment n'auront leur effet qu'autant que
» l'enfant sera né viable. » *Code civil, ibid,*
ch. I, art. 196.

Incapacités résultantes d'une présomption légale de subsitution de la volonté du donataire, de l'héritier institué, du légataire, à la volonté du donateur ou testateur.

« Il ne suffit pas que la volonté soit cer-
» taine ; il faut encore qu'elle n'ait pas été
» contrainte ou extorquée par l'empire
» qu'auroit eu, sur l'esprit du donateur,
» celui au profit duquel est la disposition. »
*Discours du conseiller d'état Bigot-
Préameneu.*

C'est cette présomption légale qui faisoit prononcer, dans notre ancien droit, la nullité de toutes les dispositions entre-vifs ou testamentaires des mineurs, *ou autres personnes en puissance d'autrui,* au profit de leurs *tuteurs, curateurs, gardiens, baillistes, et autres leurs administrateurs.* Ordonn. de 1539, art. 131.

« Les mineurs et autres personnes, *étant*
» *en puissance d'autrui,* ne peuvent *don-*
» *ner ou tester,* directement ou indirecte-
» ment, au profit de leurs tuteurs, curateurs,
» pédagogues, ou autres administreteurs.....
» pendant le temps de leur administration ,

» et jusqu'à ce qu'ils aient rendu compte..... »
Coutume de Paris , art. 276.

Ces expressions génériques *personnes en puissance d'autrui.......administrateurs ,* avoient besoin d'explication.

Une jurisprudence constante les avoit étendues à tous ceux qui , bien que majeurs, sains d'esprit, jouissans de leurs droits , se trouvoient dans la dépendance nécessaire de ceux en qui ils avoient placé leur confiance; les malades relativement à leurs médecins, chirurgiens, apothicaires , et autres officiers de santé; les plaideurs relativement aux hommes de loi leurs défenseurs et leurs conseils ; les pénitens , de ceux qui leur ouvrent ou ferment les portes du ciel; les vieillards que l'habitude, de longues infirmités , le besoin continuel de secours mettent trop souvent dans la dépendance de ceux qui les servent ; non sans arbitraire dans l'application de ces règles établies par la seule jurisprudence.

Le nouveau code adoptant les dispositions de l'édit de 1539, et de l'art. 276 de notre coutume , détermine d'une manière plus précise les états auxquels elles s'appliquent.

« Le mineur, quoique parvenu à l'âge de
» seize ans, ne pourra, *même par testa-*
» *ment,* disposer au profit de son tuteur.

» Le mineur devenu majeur ne pourra
» disposer, *soit par donation entre-vifs,*
» *soit par testament,* au profit de celui qui
» aura été son tuteur, *si le compte définitif*
» *de la tutelle n'a été rendu.* » Code civil,
ibid, art. 197.

« Les docteurs en médecine ou en chi-
» rurgie, les officiers de santé et les phar-
» maciens, qui auront traité une personne
» pendant la dernière maladie dont elle
» meurt, ne pourront profiter des disposi-
» tions entre-vifs ou testamentaires qu'elle
» auroit faites en leur faveur pendant le
» cours de cette dernière maladie. » *Ibid,*
art. 199.

« Les mêmes règles seront observées à
» l'égard des ministres du culte. » *Ibid.*

Résulte-t-il de ce détail que ceux qui n'y
sont pas compris sont indéfiniment capables
de recevoir par disposition entre-vifs ou
testamentaire ? Non sans doute ; car la première de toutes les règles est que la libéralité, soit entre-vifs, ou testamentaire,
soit l'expression de la volonté libre du do-

nateur ou testateur ; *testamentum ex eo appellatur quod testatio mentis sit.* Inst. *de test. ord. in princ.* « On nomme testa-
» ment, l'attestation de notre volonté. » Il est donc nul s'il renferme, par la qualité même de l'héritier ou du légataire, la vrai-semblance que la volonté qui y est exprimée est celle d'un autre que du testateur ; et combien est puissante, pour convertir cette présomption en évidence, la jurisprudence constante qui excluoit certains états, quoi-que non compris dans la nouvelle loi, de la faculté de recevoir, pour peu que la de-mande en nullité soit appuyée de faits ou de commencemens de preuve de suggestion !

Exceptions. (1) « Les mineurs et autres
» personnes, en puissance d'autrui, ne peu-
» vent donner ou tester..... au profit de
» leurs tuteurs, curateurs.... Peuvent toute-
» fois disposer au profit de leurs père,
» mère, aïeul ou aïeule, et autres ascen-
» dans, encore qu'ils soient de la qualité
» susdite ; *pourvu que, lors du testament*
» *et décès du testateur, lesdits père,*
» *mère ou autres ascendans ne soient*
» *remariés.* » Coutume de Paris, art. 276.

« Sont exceptés, dans les deux cas ci-

» dessus, les ascendans des mineurs qui
» sont ou ont été leurs tuteurs. » *Code
civil, ibid, art.* 197.

Car entre les deux présomptions de l'avidité du donataire ou légataire, ou de la
piété filiale, qui aient dicté la disposition,
un motif aussi saint, aussi légitime, doit
l'emporter.

(2) Malgré que la prohibition des donations entre-vifs ou testamentaires, portée
par l'édit de 1539, et par l'article 276 de la
coutume de Paris, contre les administrateurs
fût indéfinie, l'ancienne jurisprudence, en
proscrivant les donations ou dispositions
ayant un caractère d'universalité, autorisoit
les dons ou legs particuliers ou rémuné-
ratoires.

« Sont exceptées, 1°. les dispositions ré-
» munératoires faites à titre particulier, *eu
» égard aux facultés du disposant et aux
» services rendus.* » Code civil, *ibid,* art.
199.

(3) Le nouveau code ajoute une deuxième
exception, la concurrence de la parenté de
l'administrateur avec le donateur ou testateur décédés sans enfans ; autre présomption
que la libéralité du défunt a été plutôt l'effet

des liens du sang, que de la captation du donataire ou légataire. Elle cesseroit, si le donateur avoit des enfans ou descendans, à moins que le donataire ne fût du nombre de ces héritiers en ligne directe.

« (Sont exceptés) 2°. les dispositions » universelles, dans le cas de parenté, jus- » qu'au quatrième degré inclusivement, » *pourvu toutefois que le décédé n'ait pas* » *d'héritiers en ligne directe;* à moins que » celui au profit de qui la disposition est » faite, ne soit lui-même du nombre de » ces héritiers. » *Code civil, ibid.*

(4) Nos anciennes lois, la jurisprudence constante de tous les tribunaux, excluoient les enfans naturels de tout droit au partage des successions des auteurs de leurs jours, sauf les donations et legs d'alimens propor- tionnés à la fortune du défunt, plus ou moins restreints suivant le vice de la nais- sance du donataire ou légataire.

Le nouveau code, moins rigoureux en cette partie, leur accorde une sorte de part légitimaire. *Voyez* ci-dessus, des *Succes- sions irrégulières.*

Il seroit contraire aux bonnes mœurs, qu'abusant d'une tendresse inconsidérée, plus grande trop souvent pour ces fruits furtifs d'une passion illégitime, que pour ceux nés sous le saint nœud du mariage, ils pussent prétendre au delà de la part que la loi leur a assignée.

« Les enfans naturels ne pourront, par » donation entre-vifs, ou par testament, » rien recevoir au delà de ce qui leur est » accordé au titre *des Successions.* » Code civil, *ibid,* art. 198.

(5) Les hospices, les pauvres d'une commune, les autres établissemens d'une utilité reconnue, sont des corporations qui n'ont d'existence, en nom collectif, que par la protection du gouvernement.

Il importe que de tels établissemens, dilapidés dans les temps d'anarchie, reprennent une nouvelle vigueur, que les libéralités qu'ils tiendront de la piété, de l'humanité, du zèle pour le bien public, soient encouragées; et cependant ce zèle a besoin d'être dirigé par ceux qui tiennent les rênes du gouvernement.

Ils seront donc capables de donations, de legs, tant particuliers qu'universels; mais seulement autant que ces libéralités seront approuvées par le gouvernement.

Successions. — Donations, etc.　23

« Les dispositions entre-vifs ou par testa-
» ment au profit des hospices, des pauvres
» d'une commune, ou d'établissemens d'uti-
» lité publique, n'auront leur effet qu'au-
» tant qu'elles seront autorisées par un ar-
» rêté du gouvernement. » *Code civil,*
ibid, art. 200.

(6) On ne pourra disposer au profit d'un
» étranger, que dans le cas où l'étranger
» pourroit disposer au profit d'un Fran-
» çais. » *Ibid, art.* 302.

C'est la réciprocité de l'exemption du
droit d'aubaine dont il a été parlé dans la
première partie.

(7) L'ordonnance de 1539 déclaroit *nulles*
et de nul effet, toutes dispositions des
mineurs, ou autres personnes en puissance
d'autrui, faites au profit de leurs tuteurs ou
autres administrateurs; ce qui supposoit la
proscription de toute simulation en fraude
de la loi.

L'art. 276 de notre coutume ajoutoit :
« Ne peuvent donner ou tester *directement*
» *ou indirectement..... ni aux enfans des-*
» *dits administrateurs.* »

Ces principes sont développés par le nouveau code.

« Toute disposition au profit d'un inca-
» pable, sera nulle, soit qu'on la déguise
» *sous la forme d'un contrat onéreux,* soit
» qu'on la fasse *sous le nom de personnes*
» *interposées.*

» Seront réputées personnes interposées,
» *les père et mère, les enfans et descen-*
» *dans, et l'époux* de la personne inca-
» pable. » *Code civil, ibid, art.* 201.

V.

De la portion de biens disponibles,
et de la réduction des donations entre-
vifs et testamentaires.

(1) Dans le droit romain, la légitime des
ascendans et des descendans, la quarte falcidie, la quarte trébellianique étoient des
exceptions à la faculté indéfinie accordée au
testateur, par la loi des douze tables, de
disposer de ses biens à volonté : *Uti quisque*
legassit, etc.

Dans nos coutumes, la faculté de disposer de ses biens pour le temps que l'on ne
pourra plus en jouir, étoit une exception
à la saisine légale et universelle de l'héritier
ab intestat.

Dans l'ancien droit romain , toutes les détractions accordées à l'héritier, soit testamentaire, soit *ab intestat*, étoient fixées au quart de l'hérédité, légitime du quart aux descendans en ligne directe, qui dut leur être laissée tantôt intégralement à titre d'institution d'héritier, tantôt à quelque titre que ce fût, pourvu qu'ils ne fussent pas prétérits, c'est-à-dire passés sous silence dans le testament, sauf à en exiger le supplément, si la portion qui leur étoit laissée n'étoit pas suffisante ; (la légitime des ascendans n'eut lieu que par la novelle 18 de Justinien) quarte falcidie sur les legs , quarte trébellianique sur les substitutions fidéi - commissaires , qui se cumuloient quelquefois dans la même main et absorboient les trois quarts de cette même succession , dont la faculté de disposer la plus libre étoit accordée au testateur par la loi originaire.

Dans nos coutumes , prérogatives de l'aîné dans les fiefs , réserves coutumières des quatre quints des propres , en faveur de l'héritier du côté et ligne quelqu'il fût , descendant , ascendant , collatéral ; douaire coutumier ou préfix déclaré propre aux enfans issus du mariage ; légitime en faveur des des-

cendans en ligne directe, fixée par l'article
298 de notre coutume, *à la moitié de telle
part et portion que chacun enfant eût eue
en la succession des père et mère et autres
ascendans, si lesdits père et mère et
autres ascendans n'eussent disposé par
donation entre - vifs ou dernière volonté;*
tous biens donnés entre - vifs par les père
et mère à leurs enfans et descendans, censés en avancement d'hoirie, reportés à ce
titre à la masse de l'hérédité, ainsi qu'il a été
dit au titre des *Successions.*

Dans le nouveau code, la fortune d'un
citoyen se partage en deux classes, biens
disponibles, biens non disponibles, sans
distinction des donations entre-vifs ou testamentaires.

« Les libéralités, soit par actes entre-vifs,
» soit par testament, ne pourront excéder
» la moitié des biens du disposant, s'il ne
» laisse à son décès qu'un enfant légitime;
» le tiers, s'il laisse deux enfans; le quart,
» s'il en laisse trois ou un plus grand nom-
» bre. » *Code civil, ibid, ch. II, sect. I,
art.* 203.

« Sont compris, sous le nom d'enfans,
» les descendans en quelque degré que ce

» soit; néanmoins ils ne sont comptés que
» pour l'enfant qu'ils représentent dans la
» succession du disposant. » *Ibid.*

N. B. Il est égal de dire la moitié, le tiers, le
quart de la part héréditaire, ou la moitié, le tiers,
le quart de la succession divisible entre tous les
enfans; et cependant, comme l'observe l'orateur du
gouvernement, la manière d'opérer de la novelle 18,
chap. 2, étoit vicieuse et injuste; en voici la preuve :

La novelle obligeoit les père et mère, « s'ils n'a-
» voient qu'un, deux, trois, jusqu'à quatre enfans,
» de leur laisser, non plus une simple quarte (trois
» onces), mais le tiers entier de leur succession,
» quatre onces; (car la livre, l'*as* romain, représen-
» tant la masse totale, se partageoit en douze parties
» nommées *onces*); s'ils laissoient au delà de quatre
» enfans, à quelque nombre qu'ils montassent, la
» moitié (six onces complètes) ; partageant égale-
» ment entre eux tous, soit les quatre, soit les six
» onces. » *Si quidem unius filii pater aut mater aut
duorum, vel trium, vel quatuor, non triuncium eis
relinqui solum, sed etiam tertiam propriæ substantiæ partem : hoc est uncias quatuor, et hanc esse
definitam mensuram usque ad prædictum numerum.
Si vero ultra quatuor habuerint liberos, mediam
ejus substantiæ partem ut sexuncium sit quod de-
betur, singulis ex æquo quadriuncium, vel sexti-
uncium dividendo.* Nov. 18, ch. 2.

Dans cette opération, lorsque les père et

mère laissoieut quatre enfans, chacun d'eux
n'avoit qu'un douzième ; au lieu que s'ils en
laissoient cinq, chaque enfant obtenoit un
dixième, parce que le dividende, la masse
totale réservée restant le même dans l'hypothèse de quatre enfans et au-dessous, l'augmentation d'un cinquième dans le diviseur
étoit compensée avec avantage, dans le second cas, par l'accroissement d'un sixième
dans la masse totale.

Le nouveau code, renversant l'opération,
en même temps qu'il augmente la portion
non disponible en faveur des descendans en
ligne directe, toujours favorable, prévient
cette injustice.

(2) Dans notre droit coutumier, nulle légitime en faveur des ascendans.

Dans le droit romain, quoiqu'aucune loi
antérieure à la novelle 18 de Justinien ne
fixât la quotité de la légitime qui leur étoit
due, s'ils avoient été entièrement omis dans
le testament de leur descendant, le préteur
les admettoit à la querelle d'inofficiosité.

*Non autem liberis tantum permissum est
testamentum parentum inofficiosum accu-
sare, verum etiam liberorum parentibus.*
Inst. *de inoffic. test.* § 1.

« Non-seulement les enfans ont le droit
» d'accuser d'inofficiosité le testament des
» auteurs de leurs jours, mais encore les
» ascendans celui de leurs descendans. »

On regardoit cet oubli comme un manque
à la piété filiale.

Justinien ordonna, par la novelle 18, que
« l'accroissement de la légitime du quart au
» tiers auroit lieu en faveur de tous ceux
» qui avoient droit d'attaquer le testament
» comme inofficieux. »

*Hoc observando in omnibus personis in
quibus ab initio, antiquæ quartæ ratio
de inofficioso lege decreta est. Nov. 18,
cap. 1°. in fine.*

Une disposition si morale n'a pas échappé
à nos législateurs; mais la succession ascendante se partage en deux lignes; si l'une
d'elles est défaillante, les ascendans de l'autre
ligne la remplacent.

Dans ce cas, afin que la volonté du testateur soit moins gênée, la portion non disponible décroîtra dans la proportion de l'augmentation produite en faveur de l'ascendant
survivant, par la défaillance de l'autre ligne.

« Les libéralités par actes entre-vifs ou
» par testament, ne pourront excéder la

» *moitié* des biens, si, à défaut d'enfans, le
» défunt laisse un ou plusieurs ascendans
» *dans chaque ligne* paternelle et mater-
» nelle, et *les trois quarts*, s'il ne laisse
» d'ascendans que *dans une ligne.*

» Les biens ainsi réservés au profit des
» ascendans seront par eux recueillis dans
» l'ordre où la loi les appelle à succéder, et
» *s'il n'y a d'ascendans que dans l'une*
» *des lignes,* ils auront seuls droit à cette
» réserve, *dans tous les cas où un partage*
» *avec des collatéraux* (c'est-à-dire, avec
» les frères et sœurs du défunt, comme il a
» été dit au titre *des Successions*) ne leur
» donneroit pas la quotité de biens à laquelle
» elle est fixée. » *Code civil,* ibid, *art.* 205.

(3) A défaut de descendans et d'ascendans, la loi des douze tables reprend
toute sa force : *Uti quisque legassit, ita*
jus esto. « Que le droit soit tel que le testa-
» teur l'aura ordonné. »

« A défaut de descendans et d'ascendans,
» les libéralités par actes entre-vifs ou testa-
» mentaires *pourront épuiser la totalité*
» *des biens.* »

(4) Les articles 207 et 208 décident deux
espèces qui préviennent deux des princi-

pales difficultés qu'on pourroit élever contre le système du nouveau code.

Dans la première, on suppose une disposition, soit entre-vifs ou par testament, qui excédât la quotité dont le donateur ou testateur avoit droit de disposer, *mais en usufruit seulement;* quel sera alors le droit des héritiers au profit desquels la loi a fait une réserve ? — « Ils auront l'option (répond » le législateur), ou d'exécuter la disposi- » tion, ou de faire l'abandon de la (pleine) » propriété de la quotité disponible. » *Ibid,* *art.* 207.

Dans la seconde, on suppose que le défunt a aliéné à l'un des successibles, en ligne directe, une portion de ses biens, s'en réservant l'usufruit, ou moyennant une rente viagère qui se trouve éteinte par le décès du vendeur. Si l'acquéreur conservoit cette propriété sans rapport, il pourroit être avantagé au préjudice de ses cohéritiers; ce qui seroit contraire à l'égalité qui est l'âme des partages en ligne directe. « La valeur de » la portion aliénée sera imputée sur la » portion disponible; et l'excédent, s'il y » en a (de l'usufruit dont l'acquéreur a été » privé pendant la vie du vendeur, ou des

» arrérages de la rente viagère qu'il aura
» payés (*c'est ainsi que je crois qu'on doit
» entendre cet article*) sera rapporté à la
» masse. » *Ibid*, art. 208.

« Cette imputation et ce rapport ne pour-
» ront être demandés par ceux des autres
» successibles, *en ligne directe*, qui auront
» consenti à ces aliénations ; *ni, dans au-*
» *cun cas, par les successibles* en ligne
» collatérale. » *Ibid*.

Car le motif d'égalité ne subsiste plus.

« La quantité disponible pourra être
» donnée, en tout ou en partie, soit par
» actes entre-vifs, soit par testament, aux
» enfans ou autres successibles du dona-
» teur, *sans être sujette au rapport*, par
» le donataire ou légataire venant à la suc-
» cession, *pourvu que la disposition ait été*
» *faite expressément, à titre de préciput,*
» *ou hors part.* » *Ibid*, art. 209.

Voyez le titre *des Successions*, art. *des
Rapports*, où l'on a traité de *l'incompatibilité des qualités d'héritier et de donataire ou de légataire.*

« La déclaration que le don ou le legs
» est à titre de préciput ou hors part, pourra
» être faite, soit par l'acte qui contiendra la

» disposition, *soit postérieurement*, dans
» la forme des dispositions entre-vifs ou
» testamentaires. » *Ibid.*

V I.

De la réduction des donations et des legs.

Deux articles de l'ordonnance de 1731,
développés et appliqués à la distinction des
biens disponibles et non disponibles, renferment toute la matière de ce nombre.

« Si les biens que le donateur aura laissé
» en mourant, sans en avoir disposé, ou
» sans l'avoir fait autrement que par des
» dispositions de dernière volonté, ne suf-
» fisent pas pour fournir la légitime des
» enfans, eu égard à la totalité des biens,
» compris dans les donations entre-vifs par
» lui faites, et de ceux qui n'y sont pas ren-
» fermés, ladite légitime sera prise, *pre-*
» *mièrement* sur la dernière donation, et
» *subsidiairement* sur les autres, et en
» remontant des dernières aux premières;
» et en cas qu'un ou plusieurs des dona-
» taires soient du nombre des enfans du
» donateur, qui auroient droit de demander

» leur légitime, sans la donation qui leur a
» été faite, ils retiendront les biens à eux
» donnés jusqu'à concurrence de la valeur
» de leur légitime, et ils ne seront tenus de
» la légitime des autres que pour l'excé-
» dent. » *Ordonn. de* 1731, *art. XXIV.*

Les conventions matrimoniales, la dot
même des filles renonçantes, dans notre
ancien droit, ou exclues par la disposition
de quelques-unes de nos coutumes, comme
il a été dit, n'étoient pas exemptes de cette
détraction pour fournir à la légitime de leurs
frères et sœurs.

« La dot, même celle qui a été fournie
» en deniers, sera pareillement sujette au
» retranchement pour la légitime, dans
» l'ordre prescrit par l'article précédent; ce
» qui aura lieu, soit que la légitime soit
» demandée pendant la vie du mari, ou
» qu'elle ne le soit qu'après sa mort, et
» quand il auroit joui de la dot pendant
» plus de trente ans, ou quand même la
» fille dotée auroit renoncé à la succession
» par son contrat de mariage ou autrement;
» ou qu'elle seroit exclue de droit, suivant
» la disposition des lois, coutumes et usages. »
Ibid, art. XXXV.

Telle étoit la conséquence du principe que toutes donations entre - vifs, faites par les père et mère à leurs enfans et descendans, *étoient censées faites en avancement d'hoirie* : principe établi expressément, par l'article 278 de notre *coutume de Paris*, admis non moins authentiquement, quoiqu'en d'autres termes, dans les pays de droit écrit. *Voyez* le titre des successions, article *des Rapports*.

(1) Les deux articles de l'ordonnance de 1731, qui viennent d'être cités, ne parlent que de la légitime des enfans ou descendans; la légitime des ascendans n'avoit pas, dans les pays de droit écrit où elle avoit lieu, le privilége de l'hypothèque subsidiaire sur les biens compris dans les donations entre-vifs: car c'est ainsi qu'on nommoit, dans notre ancien droit, la réduction dont il s'agit dans ce numéro.

Le nouveau code partageant tous les biens d'un défunt en biens disponibles et non disponibles, et comprenant la légitime des ascendans dans les biens non disponibles, a dû établir, comme règle générale, que « les » dispositions, soit entre - vifs, soit à cause » de mort, qui excèdent la quotité dispo-

» nible, seroient réductibles à cette quo-
» tité, lors de l'ouverture de la succession. »
Code civil, ibid, *chap. 2, sect. 2, art. 210.*

Les seuls héritiers en ligne directe, descendante ou ascendante, ont droit à cette
réduction.

Comment seroit-il possible d'y admettre
les collatéraux, au préjudice desquels tous
les biens sont disponibles jusqu'à l'*épuise-
ment de la succession?* Voyez ci - dessus,
Code civil, art. 206.

Les légataires n'ont de droit sur l'hérédité
qu'en l'état où elle se trouve au décès du
testateur.

Point de succession, que les créanciers ne
soient payés. S'ils ont une hypothèque antérieure aux donations entre - vifs, ils sont
fondés à l'exercer, sauf le recours du donataire évincé sur la succession, comme subrogé aux droits du créancier qu'il aura payé;
s'ils sont postérieurs aux donations ou chirographaires, les biens donnés entre-vifs n'é-
toient plus entre les mains de leur débiteur,
lorsqu'ils ont contracté avec lui : ils n'étoient
plus leur gage.

Accorder au donataire évincé un recours
de garantie sur les biens non disponibles de

la succession, ce seroit un cercle vicieux.

« La réduction des dispositions entre-
» vifs ne pourra être demandée que *par*
» *ceux au profit desquels la loi fait la*
» *réserve*, par leurs héritiers ou ayant-
» cause. Les donataires, les légataires, ni
» les créanciers du defunt, ne peuvent de-
» mander cette réduction ni en profiter. »
Code civil, ibid, *art.* 211.

(2) Puisque la réserve accordée aux descendans et aux ascendans est censée faite à la
charge de la réduction, en cas que la valeur
des biens donnés excède la quotité disponible, telle qu'elle étoit à l'époque des donations, pour connoître cette quotité, il est
nécessaire de composer une masse « de la to-
» talité des biens compris dans les donations
» entre-vifs, et de ceux qui n'y sont pas
» renfermés. » *Ordonnance de* 1731, *art.* 39;
et de déduire sur le tout les dettes de la
succession.

« La réduction se détermine en formant
» une masse de tous les biens existans au
» décès du donateur ou testateur; on y réu-
» nit *fictivement* ceux dont il a été disposé
» par donations entre-vifs, *d'après leur*
» *état à l'époque de la donation, et leur*

» *valeur au temps du décès du donateur ;*
» on calcule sur tous ces biens, *après en*
» *avoir déduit les dettes*, quelle est, eu
» égard à la qualité des héritiers qu'il
» laisse, la quotité dont il a pu disposer. »
Code civil, ibid, *art.* 212.

(3) « Il n'y a jamais lieu à réduire les
» donations entre-vifs, qu'après avoir épuisé
» la valeur de toutes les dispositions testa-
» mentaires. » *Ibid*, art. 213.

(4) « Lorsque la valeur des donations
» entre-vifs excèdera ou égalera la quotité
» disponible, toutes les dispositions testa-
» mentaires seront caduques. » *Code civil*,
art. 215.

(5) Si les donations entre-vifs n'absorbent
pas la totalité de la portion disponible, qu'il
y ait un excédent insuffisant pour acquitter
entièrement les dispositions testamentaires,
l'héritier institué, les légataires, tous ceux
qui ne tirent leur droit que du testament,
éprouveront réduction *au marc le franc*,
« sans aucune distinction entre les legs uni-
» versels et les legs particuliers. » *Code civil*,
ibid, *art.* 216.

Ils ont tous un droit égal.

Exception. — « Néanmoins, dans tous les

Successions. — Donations, etc. 24

» cas où le testateur aura expressément dé-
» claré qu'il entend que tel legs soit acquitté
» de préférence aux autres, cette préférence
» aura lieu, et le legs qui en sera l'objet ne
» sera réduit qu'autant que la valeur des
» autres ne rempliroit pas la réserve légale. »
Code civil, ibid, *art.* 217.

(6) Il n'en sera pas de même dans la réduction des donations entre-vifs, par insuffisance de biens disponibles dans l'hérédité;
tous les legs, toutes les dispositions testamentaires étant devenues caduques.

« La légitime sera prise, *premièrement,*
» sur la dernière donation, et *subsidiaire-*
» *ment* sur les autres, *en remontant des*
» *dernières aux premières.* » Ordonnance
de 1731. *Ibid.*

« Il n'y aura jamais lieu à réduire les do-
» nations entre-vifs, qu'après avoir épuisé
» la valeur de toutes les dispositions testa-
» mentaires; *et lorsqu'il y aura lieu à cette*
» *réduction, elle se fera en commençant*
» *de la dernière donation, et ainsi de*
» *suite, en remontant des dernières aux*
» *plus anciennes.* » Code civil, *ibid,*
art. 213.

Cette règle tient à l'irrévocabilité des donations entre-vifs. Tant que le donateur n'a pas épuisé la portion de ses biens dont la loi lui permettoit de disposer, les donations qu'il a faites ont transmis au donataire la propriété irrévocable des biens donnés; la révocabilité n'a commencé qu'à l'époque à laquelle le donateur entamoit la portion non disponible, et dans la progression successive de l'atteinte qu'il a portée à la réserve assignée par la loi.

(7) « En cas qu'un ou plusieurs des dona-» taires soient du nombre des enfans du » donateur qui auroient droit de demander » leur légitime sans la donation qui leur a » été faite, ils retiendront les biens à eux » donnés jusqu'à concurrence de la valeur » de leur légitime, et ils ne seront tenus de » la légitime des autres que pour l'excé-» dant. » *Ordonnance de* 1731. Ibid.

« Si la donation entre-vifs réductible a » été faite à l'un des successibles, il pourra » retenir, sur les biens donnés, la valeur » de la portion qui lui appartient, comme » héritier, dans les biens disponibles. » *Code civil,* ibid, *art.* 214.

La nouvelle loi ajoute : « S'ils sont de » même nature. »

Ainsi, s'il ne se trouvoit dans une succession que des meubles, de l'argent comptant, des créances actives, le successible ne pourroit pas se dispenser de rapporter à la masse la valeur effective d'une terre ou autre immeuble réel, comme étant d'autre nature que les effets existans au décès du donateur.

Le désir de maintenir l'égalité des partages, malgré la règle générale, qui oblige le donataire *de rapporter ou moins prendre,* paroît avoir dicté cette modification.

(8) « Les immeubles à recouvrer par » l'effet de la réduction, le seront sans » charge de dettes ou hypothèque créées par » le donataire. » *Code civil,* ibid, *art.* 219.

« L'action en réduction ou révendication » pourra être exercée par les héritiers contre » les tiers détenteurs des immeubles faisant » partie des donations, et aliénés par les » donataires, de la même manière *et dans* » *le même ordre* que contre les donataires » eux-mêmes, *et discussion faite de leurs* » *biens.* Cette action devra être exercée » suivant l'ordre des dates des aliénations, » en commençant par la plus récente. » *Code civil,* ibid, *art.* 220.

Ces deux articles sont la conséquence du

principe que la réduction, l'hypothèque subsidiaire des légitimaires sur les biens donnés
entre-vifs par le défunt, pour parler notre
ancien langage, sont une condition tacite,
résultante de la loi, inhérente à la donation,
qui l'a rendu révocable, jusqu'à la concurrence de la somme dont elle excédoit la
portion disponible.

Le nouveau code exige une discussion
préalable du donataire qui a aliéné. En effet,
le tiers détenteur n'est débiteur de la réduction que sous cette condition. Si son vendeur
satisfait à son obligation, les héritiers légitimes n'ont plus d'action contre lui; s'il est
évincé, il aura son recours de garantie
contre le donataire son vendeur.

(9) « Le donataire restituera les fruits de
» ce qui excèdera la portion disponible, *à*
» *compter du jour du décès du donateur,*
» si la demande en réduction a été faite
» dans l'année; *sinon du jour de la de-*
» *mande.* » Code civil, *ibid,* art. 218.

FIN DE LA PREMIÈRE PARTIE DU TITRE DES

DONATIONS ET TESTAMENS.